聖書 新共同訳
MP3版
DIGITAL RECORDING

「聖書 新共同訳 資料集」付

JBS 日本聖書協会

録音聖書「聖書 新共同訳 MP3版」の朗読は、報道やドラマ、洋画の吹き替え、アニメーション等の第一線で活躍中の声優、アナウンサーの皆様により、「隣に座る大切な人に読み聞かせるように」全身全霊を傾けて取り組まれました。
　学生時代に失明の危機を通った経験から、目の不自由な方々に聖書を伝える働きに是非参加したいと名乗り出て来られたアナウンサー。最初に担当したCD完成後ステレオを新規購入し、自身の朗読を何度も聴き直して次の収録に臨まれた大ベテランの男性声優。アッシジを旅して受けた感動を朗読に込めると語りつつ、極寒の二月に暖房を入れない収録ブースの中で終始笑顔で奮闘して下さった女性声優。※

　一方、収録と編集の作業に携わった製作協力会社のスタッフの一人は、「毎回三時間の収録そのものが聖書研究だった」と語っています。目から文字を介してつかみ取る理解と、耳から人の声を通して入って来るそれとは、おのずから異なってきます。聖書を読む場合、ともすると信仰的な背景やそれまでの知識や経験からの「思い込み」を持って読み進むことがないでしょうか。それ故に、他人が異なったイメージで読んだ時に戸惑うことさえあります。録音聖書は、そうした聴き方に対して別の角度から光を当てるのに一役買うことでしょう。

　日本のプロテスタント教会を代表する名説教家として知られるある牧師が、ＦＭ放送で詩編の朗読を聴かれて「聖書は聴くだけで理解できる」と衝撃を受けたことがあるそうです。

聖書 新共同訳 資料集

目　次

聖書地図 ……………………………………………………………… 1
　　第１図　聖書の古代世界
　　第２図　出エジプトの道
　　第３図　カナンへの定住
　　第４図　統一王国時代
　　第５図　南北王国時代
　　第６図　新約時代のパレスチナ
　　第７図　パウロの宣教旅行　1
　　第８図　パウロの宣教旅行　2, 3
　　第９図　パウロのローマへの旅
　　第10図　マカバイ時代のパレスチナ
　　第11図　新約時代のエルサレム
参考図版 ……………………………………………………………… 12
聖書について ………………………………………………………… 14
用語解説 ……………………………………………………………… 22
旧約聖書　章・節対照表 …………………………………………… 48
新約聖書における旧約聖書からの引用個所一覧表 ……………… 50
度量衡および通貨 …………………………………………………… 56
項目別簡易索引（旧約，新約）……………………………………… 59
聖書歴史年代表 ……………………………………………………… 60

また、カトリック教会で第二バチカン公会議の際に出された典礼憲章には、「キリストはご自分のことばのうちに現存し」、「聖書が教会で読まれるとき、キリストご自身が語る」、「福音朗読は、ことばの典礼の頂点である」といった言葉があります。こうした例は、聖書を聴くという事柄の重さを教えてくれます。15世紀半ばグーテンベルクによって活版印刷機が発明されるまで、聖書は多くの人にとって聴くものでした。それは「七年ごとに全イスラエルに律法を読み聞かせよ」という申命記31章10節以下のモーセの戒めに起源します。ネヘミヤ記8章1節以下には、エズラが第七の月に夜明けから正午まで会衆に律法を読み聞かせたとあります。現代のユダヤ教においてもトーラーの朗読は礼拝の中心で、朗読者は担当の個所を精読して準備し、朗読する間は直立し、言葉を過度にならぬよう明確に発音しなければなりません。

幼子に親が絵本を読み聴かせると、小さな胸は満たされます。同様に、祈り心をもって聖書を朗読する時、朗読する人も聴く人も共に祝福を受けるのではないでしょうか。聖書の言葉を、創造主からの親しい語りかけとして「人の声の響き」を通して味わうことは、いにしえの日ナザレの会堂に響いたイエスの言葉（ルカ4.16～）を聴くのにも劣らない、私たちに与えられる大きな喜びです。ただ聞くだけでも、また聖書の文字をじっくり追いながら聴いても、新たな発見があることでしょう。

※予断を持って聞くことがないようにという当協会の方針により、特定の書を誰が読まれたかのお知らせは一切いたしておりません。

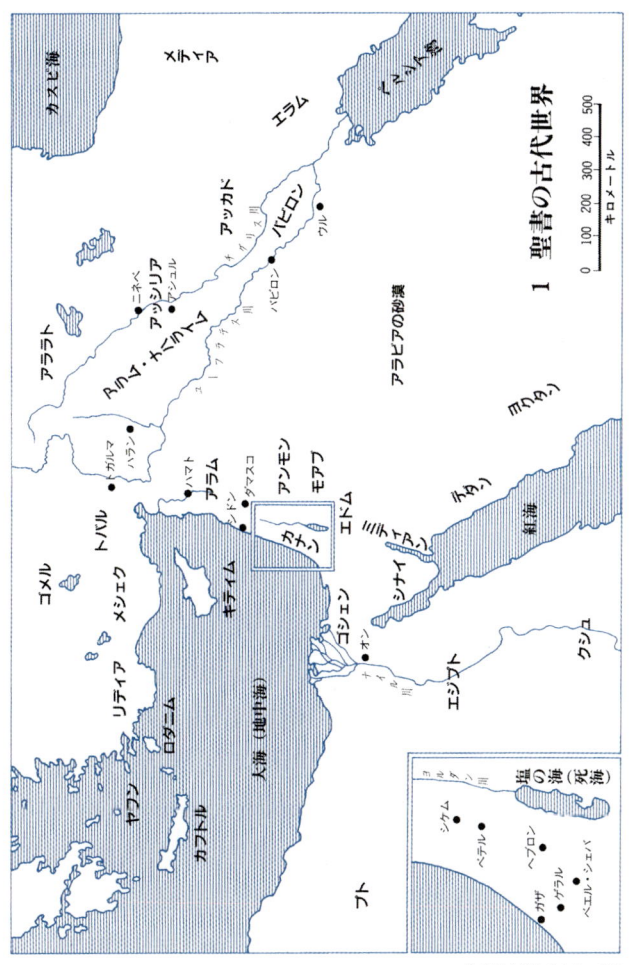

■CD1：01創世記(1)〜06ヨシュア記(3)

01 創世記(1)
01 第01章 1-2章25天地の創造.mp3
02 第02章 .mp3
03 第03章 1-24蛇の誘惑.mp3
04 第04章 1-26カインとアベル.mp3
05 第05章 1-32アダムの系図.mp3
06 第06章 1-8章22洪水.mp3
07 第07章 .mp3
08 第08章 .mp3
09 第09章 1-17祝福と契約.mp3
10 第09章 18-29ノアと息子たち.mp3
11 第10章 1-32ノアの子孫.mp3
12 第11章 1-9バベルの塔.mp3
13 第11章 10-26セムの系図.mp3
14 第11章 27-32テラの系図.mp3
15 第12章 1-9アブラムの召命と移住.mp3
16 第12章 10-20エジプト滞在.mp3
17 第13章 1-18ロトとの別れ.mp3
18 第14章 1-12王たちの戦い.mp3
19 第14章 13-16ロトの救出.mp3
20 第14章 17-24メルキゼデクの祝福.mp3

01 創世記(2)
01 第15章 1-21神の約束.mp3
02 第16章 1-16ハガルの逃亡と出産.mp3
03 第17章 1-27契約と割礼.mp3
04 第18章 1-15イサク誕生の予告.mp3
05 第18章 16-33ソドムのための執り成し.mp3
06 第19章 1-29ソドムの滅亡.mp3
07 第19章 30-38ロトの娘たち.mp3
08 第20章 1-18ゲラル滞在.mp3
09 第21章 1-8イサクの誕生.mp3
10 第21章 9-21ハガルとイシュマエル.mp3
11 第21章 22-34アビメレクとの契約.mp3
12 第22章 1-19アブラハム、イサクをささげる.mp3
13 第22章 20-24ナホルの子孫.mp3
14 第23章 1-20サラの死と埋葬.mp3
15 第24章 1-67イサクとリベカの結婚.mp3

01 創世記(3)
01 第25章 1-6ケトラによるアブラハムの子孫.mp3
02 第25章 7-11アブラハムの死と埋葬.mp3
03 第25章 12-18イシュマエルの子孫.mp3
04 第25章 19-26エサウとヤコブの誕生.mp3
05 第25章 27-34長子の特権.mp3

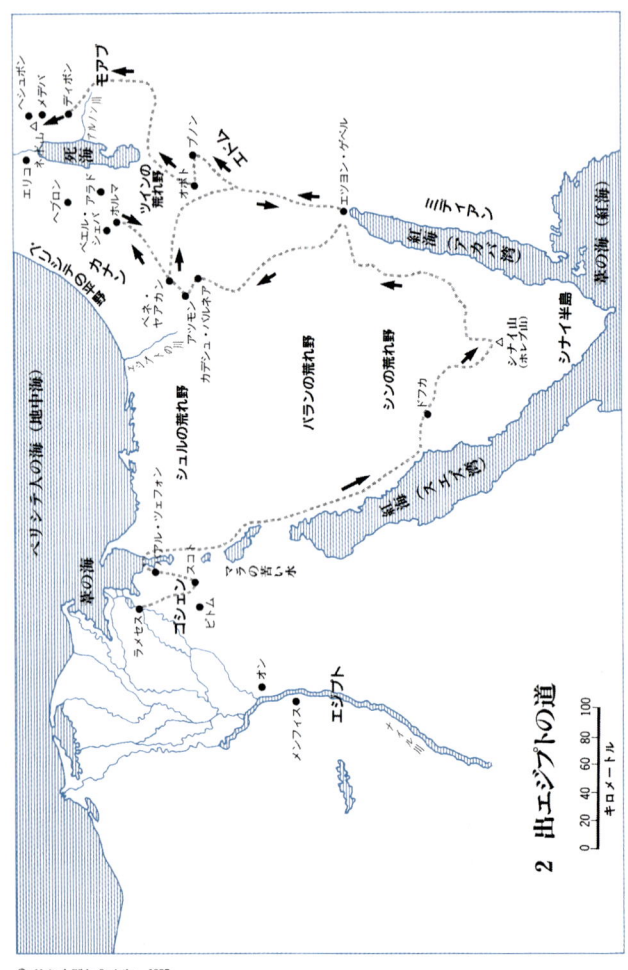

2　出エジプトの道

© United Bible Societies 1987

- 06 第26章 1-14イサクのゲラル滞在.mp3
- 07 第26章 15-25井戸をめぐる争い.mp3
- 08 第26章 26-33イサクとアビメレクの契約.mp3
- 09 第26章 34-35エサウの妻.mp3
- 10 第27章 1-17リベカの計略.mp3
- 11 第27章 18-29祝福をだまし取るヤコブ.mp3
- 12 第27章 30-40悔しがるエサウ.mp3
- 13 第27章 41-45逃亡の勧め.mp3
- 14 第27章 46-28章5ヤコブの出発.mp3
- 15 第28章 .mp3
- 16 第28章 6-9エサウの別の妻.mp3
- 17 第28章 10-22ヤコブの夢.mp3
- 18 第29章 1-14aラバンの家に着く.mp3
- 19 第29章 14b-30ヤコブの結婚.mp3
- 20 第29章 31-30章24ヤコブの子供.mp3
- 21 第30章 .mp3
- 22 第30章 25-36ラバンとの駆け引き.mp3
- 23 第30章 37-43ヤコブの工夫.mp3
- 24 第31章 1-21ヤコブの脱走.mp3
- 25 第31章 22-42ラバンの追跡.mp3
- 26 第31章 43-32章1ヤコブとラバンの契約.mp3
- 27 第32章 .mp3
- 28 第32章 2-22エサウとの再会の準備.mp3
- 29 第32章 23-33ペヌエルでの格闘.mp3

01 創世記(4)
- 01 第33章 1-20エサウとの再会.mp3
- 02 第34章 1-31シケムでの出来事.mp3
- 03 第35章 1-15再びベテルへ.mp3
- 04 第35章 16-22aラケルの死.mp3
- 05 第35章 22b-26ヤコブの息子たち.mp3
- 06 第35章 27-29イサクの死.mp3
- 07 第36章 1-19エサウの子孫.mp3
- 08 第36章 20-30セイルの子孫.mp3
- 09 第36章 31-43エドムの王国.mp3
- 10 第37章 1-11ヨセフの夢.mp3
- 11 第37章 12-36ヨセフ、エジプトに売られる.mp3
- 12 第38章 1-30ユダとタマル.mp3
- 13 第39章 1-23ヨセフとポティファルの妻.mp3
- 14 第40章 1-23夢を解くヨセフ.mp3
- 15 第41章 1-36ファラオの夢を解く.mp3
- 16 第41章 37-57ヨセフの支配.mp3

01 創世記(5)
- 01 第42章 1-38兄たち、エジプトへ下る.mp3

3 カナンへの定住

© United Bible Societies 1987

02 第43章 1-34再びエジプトへ.mp3
03 第44章 1-17銀の杯.mp3
04 第44章 18-34ユダの嘆願.mp3
05 第45章 1-28ヨセフ、身を明かす.mp3
06 第46章 1-27ヤコブのエジプト下り.mp3
07 第46章 28-34ゴシェンでの再会.mp3
08 第47章 1-12ファラオとの会見.mp3
09 第47章 13-26ヨセフの政策.mp3
10 第47章 27-31ヤコブの遺言.mp3
11 第48章 1-22ヤコブ、ヨセフの子らを祝福する.mp3
12 第49章 1-28ヤコブの祝福.mp3
13 第49章 29-33ヤコブの死.mp3
14 第50章 1-14ヤコブの埋葬.mp3
15 第50章 15-21赦しの再確認.mp3
16 第50章 22-26ヨセフの死.mp3

02出エジプト記(1)

01 第01章 1-14エジプトでのイスラエル人.mp3
02 第01章 15-21男児殺害の命令.mp3
03 第01章 22-2章10モーセの生い立ち.mp3
04 第02章 .mp3
05 第02章 11-25エジプトからの逃亡.mp3
06 第03章 1-22モーセの召命.mp3
07 第04章 1-17使命に伴うしるし.mp3
08 第04章 18-31モーセ、エジプトに戻る.mp3
09 第05章 1-6章1ファラオとの交渉.mp3
10 第06章 .mp3
11 第06章 2-13モーセの使命.mp3
12 第06章 14-27モーセとアロンの系図.mp3
13 第06章 28-7章7アロンの役割.mp3
14 第07章 .mp3
15 第07章 8-13アロンの杖.mp3
16 第07章 14-24血の災い.mp3
17 第07章 25-8章11蛙の災い.mp3
18 第08章 .mp3
19 第08章 12-15ぶよの災い.mp3
20 第08章 16-28あぶの災い.mp3
21 第09章 1-7疫病の災い.mp3
22 第09章 8-12はれ物の災い.mp3
23 第09章 13-35雹の災い.mp3
24 第10章 1-20いなごの災い.mp3
25 第10章 21-29暗闇の災い.mp3
26 第11章 1-10最後の災い.mp3

02出エジプト記(2)

01 第12章 1-28主の過越.mp3

© United Bible Societies 1987

02 第12章 29-36初子の死.mp3	07 第21章 33-36(5)財産の損傷.mp3
03 第12章 37-42エジプトの国を去る.mp3	08 第21章 37-22章14(6)盗みと財産の保管.mp3
04 第12章 43-51過越祭の規定.mp3	09 第22章 .mp3
05 第13章 1-2初子の奉献.mp3	10 第22章 15-16(7)処女の誘惑.mp3
06 第13章 3-10除酵祭.mp3	11 第22章 17-19(8)死に値する罪.mp3
07 第13章 11-16初子について.mp3	12 第22章 20-26(9)人道的律法.mp3
08 第13章 17-22火の柱、雲の柱.mp3	13 第22章 27-30(10)祭儀的律法.mp3
09 第14章 1-31葦の海の奇跡.mp3	14 第23章 1-3(11)法廷において.mp3
10 第15章 1-21海の歌.mp3	15 第23章 4-5(12)敵対する者とのかかわり.mp3
11 第15章 22-27マラの苦い水.mp3	16 第23章 6-9(13)訴訟において.mp3
12 第16章 1-36マナ.mp3	17 第23章 10-11(14)安息年.mp3
13 第17章 1-7岩からほとばしる水.mp3	18 第23章 12-13(15)安息日.mp3
14 第17章 8-16アマレクの戦い.mp3	19 第23章 14-19(16)祭りについて.mp3
15 第18章 1-27エトロのモーセ訪問.mp3	20 第23章 20-33違反に対する警告.mp3
16 第19章 1-25シナイ山に着く.mp3	21 第24章 1-18契約の締結.mp3

■2出エジプト記(3)

01 第20章 1-21十戒.mp3	22 第25章 1-9幕屋建設の指示.mp3
02 第20章 22-23章19契約の書.mp3	23 第25章 10-22箱.mp3
03 第20章 22-26(1)祭壇について.mp3	24 第25章 23-30机.mp3
04 第21章 1-11(2)奴隷について.mp3	25 第25章 31-40燭台.mp3
05 第21章 12-17(3)死に値する罪.mp3	26 第26章 1-14幕屋を覆う幕.mp3
06 第21章 18-32(4)身体の傷害.mp3	27 第26章 15-30幕屋の壁板と横木.mp3
	28 第26章31-35至聖所の垂れ幕.mp3

29 第26章 36-37天幕の入り口の幕.mp3	10 第33章 7-11臨在の幕屋.mp3
30 第27章 1-8祭壇.mp3	11 第33章 12-17民と共に行かれる主.mp3
31 第27章 9-19幕屋を囲む庭.mp3	12 第33章 18-23主の栄光.mp3
32 第27章 20-21常夜灯.mp3	13 第34章 1-28戒めの再授与.mp3
33 第28章 1-5祭服.mp3	14 第34章 29-35モーセの顔の光.mp3
34 第28章 6-14エフォド.mp3	15 第35章 1-3安息日の厳守.mp3
35 第28章 15-30胸当て.mp3	16 第35章 4-36章7幕屋建設の準備.mp3
36 第28章 31-35上着.mp3	17 第36章 .mp3
37 第28章 36-38額当て.mp3	18 第36章 8-19幕屋を覆う幕.mp3
38 第28章 39-43アロンとその子らの衣服.mp3	19 第36章 20-34幕屋の壁板と横木.mp3
39 第29章 1-37祭司聖別の儀式.mp3	20 第36章 35-36至聖所の垂れ幕.mp3
40 第29章 38-46日ごとの献げ物.mp3	21 第36章 37-38天幕の入り口の幕.mp3

02出エジプト記(4)

01 第30章 1-10香をたく祭壇.mp3	22 第37章 1-5掟の箱.mp3
02 第30章 11-16命の代償.mp3	23 第37章 6-9贖いの座.mp3
03 第30章 17-21手足を清める.mp3	24 第37章 10-16机.mp3
04 第30章 22-33聖別の油.mp3	25 第37章 17-24燭台.mp3
05 第30章 34-38香料.mp3	26 第37章 25-29香をたく祭壇.mp3
06 第31章 1-11技術者の任命.mp3	27 第38章 1-8祭壇.mp3
07 第31章 12-18安息日を厳守せよ.mp3	28 第38章 9-20幕屋を囲む庭.mp3
08 第32章 1-35金の子牛.mp3	29 第38章21-31幕屋の建設材料の記録.mp3
09 第33章 1-6民の嘆き.mp3	30 第39章1アロンの祭服.mp3
	31 第39章2-7エフォド.mp3

6 新約時代のパレスチナ

© United Bible Societies 1987, 1988.

32 第39章 8-21胸当て.mp3	
33 第39章22-26上着.mp3	
34 第39章27-31その他の衣服.mp3	
35 第39章32-43幕屋建設の準備完了.mp3	
36 第40章1-33幕屋建設の命令.mp3	
37 第40章34-38主の栄光.mp3	

03レビ記(1)

01 第01章1-17焼き尽くす献げ物.mp3
02 第02章1-16穀物の献げ物.mp3
03 第03章1-17和解の献げ物.mp3
04 第04章1-5章13贖罪の献げ物.mp3
05 第05章.mp3
06 第06章14-26賠償の献げ物.mp3
07 第06章1-7章10各種の献げ物の施行細則.mp3
08 第07章.mp3
09 第07章11-38和解の献げ物の施行細則.mp3
10 第08章1-36祭司の聖別の任職式.mp3
11 第09章1-21アロンによる献げ物の初執行.mp3
12 第09章22-24アロンの祝福.mp3
13 第10章 1-20祭司ナダブとアビフの違反.mp3
14 第11章 1-47清いものと
　　汚れたものに関する規定.mp3

03レビ記(2)

01 第12章1-8出産についての規定.mp3
02 第13章1-59皮膚病.mp3
03 第14章1-32清めの儀式.mp3
04 第14章33-57家屋に生じるかび.mp3
05 第15章1-33男女の漏出による汚れと清め.mp3
06 第16章1-34贖罪日.mp3
07 第17章1-26章46神聖法集.mp3
08 第17章1-9献げ物をささげる場所.mp3
09 第17章10-16血を飲むな.mp3
10 第18章1-30いとうべき性関係.mp3
11 第19章1-37聖なる者となれ.mp3

03レビ記(3)

01 第20章1-27死刑に関する規定.mp3
02 第21章1-24祭司の汚れ.mp3
03 第22章1-33聖なる献げ物について.mp3
04 第23章1-44主の祝祭日.mp3
05 第24章1-4常夜灯.mp3
06 第24章5-9十二個のパン.mp3
07 第24章10-23神の御名を冒涜する者.mp3
08 第25章1-55安息の年とヨベルの年.mp3

© United Bible Societies 1987

    09 第26章 1-2偶像を拝んではならない.mp3
    10 第26章 3-46祝福と呪い.mp3
    11 第27章 1-34献げ物.mp3
04民数記(1)
    01 第01章 1-46人口調査.mp3
    02 第01章 47-54レビ人の任務.mp3
    03 第02章 1-34全軍の配置.mp3
    04 第03章 1-13レビ人の務め.mp3
    05 第03章 14-20レビ人の人口調査.mp3
    06 第03章 21-26ゲルションの氏族とその務め.mp3
    07 第03章 27-32ケハトの氏族とその務め.mp3
    08 第03章 33-37メラリの氏族とその務め.mp3
    09 第03章 38-39モーセおよびアロンとその子らの務め.mp3
    10 第03章 40-51イスラエル人の代わりをするレビ人.mp3
    11 第04章 1-20ケハトの氏族とその務め.mp3
    12 第04章 21-28ゲルションの氏族とその務め.mp3
    13 第04章 29-33メラリの氏族とその務め.mp3
    14 第04章 34-49レビ人の人口調査.mp3
    15 第05章 1-4汚れた者を分離せよ.mp3
    16 第05章 5-10祭司が受ける分.mp3
    17 第05章 11-31姦淫の疑惑を持たれた妻の判決法.mp3
    18 第06章 1-21ナジル人の誓願.mp3

    19 第06章 22-27祭司による祝福.mp3
    20 第07章 1-88イスラエルの指導者の献げ物.mp3
    21 第07章 89神、モーセに語りかけられる.mp3
    22 第08章 1-4燭台のともし火皿.mp3
    23 第08章 5-22レビ人の清めの儀式.mp3
    24 第08章 23-26レビ人の任期.mp3
04民数記(2)
    01 第09章 1-14月遅れの過越の規定.mp3
    02 第09章 15-23雲が幕屋を覆う.mp3
    03 第10章 1-10二本の銀のラッパ.mp3
    04 第10章 11-28シナイ出発.mp3
    05 第10章 29-32モーセとホバブ.mp3
    06 第10章 33-36契約の箱.mp3
    07 第11章 1-30民の不満.mp3
    08 第11章 31-12章うずら.mp3
    09 第12章 .mp3
    10 第12章 2-16ミリアムとアロン.mp3
    11 第13章 1-33カナン偵察.mp3
    12 第14章1-38民の反抗.mp3
    13 第14章39-45土地侵入の最初の企て.mp3
    14 第15章1-31献げ物に関する補則.mp3
    15 第15章32-36安息日の違反.mp3

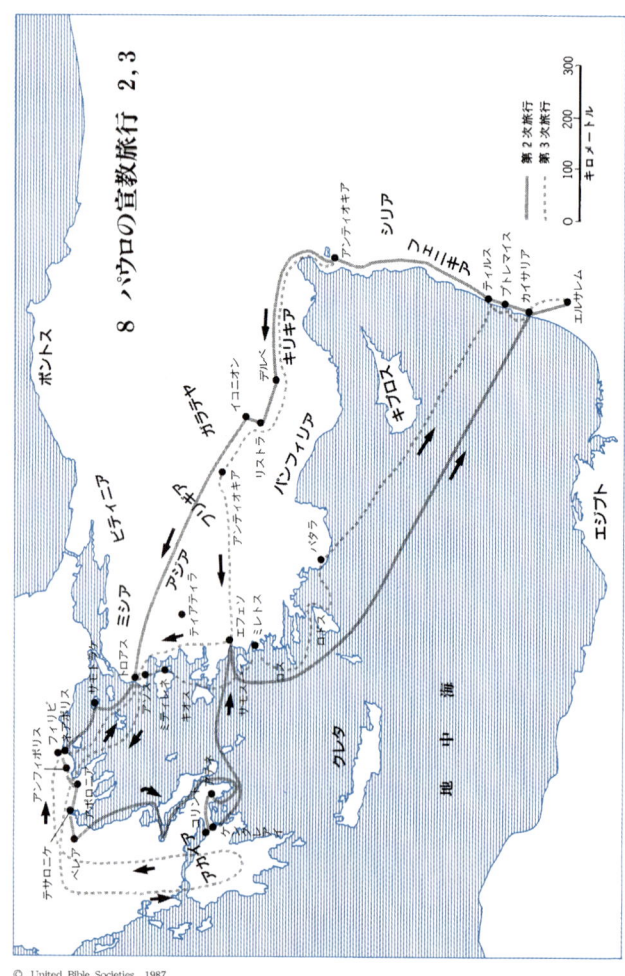

8 パウロの宣教旅行 2, 3

© United Bible Societies 1987

16 第15章37-41衣服の房.mp3

民数記(3)
01 第16章1-35コラ、ダタン、アビラムの反逆.mp3
02 第17章1-5香炉.mp3
03 第17章6-15アロン、民を救う.mp3
04 第17章16-26アロンの杖.mp3
05 第17章27-18章32祭司とレビ人に関する規定.mp3
06 第18章.mp3
07 第19章1-22清めの水.mp3
08 第20章1-13メリバの水.mp3
09 第20章14-21エドム王との交渉.mp3
10 第20章22-29アロンの死.mp3
11 第21章1-3カナン人に対する勝利.mp3
12 第21章4-9青銅の蛇.mp3
13 第21章10-20モアブの谷までの旅.mp3
14 第21章21-35シホンとオグに対する勝利.mp3
15 第22章1-21バラクとバラム.mp3
16 第22章22-35バラムとろば.mp3
17 第22章36-40バラクとバラムの会見.mp3
18 第22章41-23章12バラムの託宣.mp3
19 第23章.mp3
20 第23章13-26バラムの第二の託宣.mp3
21 第23章27-24章25バラムの第三の託宣.mp3
22 第24章.mp3

04民数記(4)
01 第25章1-18ペオルにおけるイスラエル.mp3
02 第25章19-26章65第二の人口調査.mp3
03 第26章.mp3
04 第27章1-11ツェロフハドの娘たちの申し出.mp3
05 第27章12-23モーセの後継者ヨシュアの任命.mp3
06 第28章1-30章1献げ物の規定.mp3
07 第28章1-3献げ物の規定.mp3
08 第28章3-8日ごとの献げ物.mp3
09 第28章9-10安息日の献げ物.mp3
10 第28章11-15一日の献げ物.mp3
11 第28章16-25除酵祭の献げ物.mp3
12 第28章26-31七週祭の献げ物.mp3
13 第29章1-6第七の月の一日の献げ物.mp3
14 第29章7-11第七の月の十日の献げ物.mp3
15 第29章 12-30章1第七の月の十五日の献げ物.mp3
16 第30章.mp3
17 第30章 2-17誓願の規定.mp3

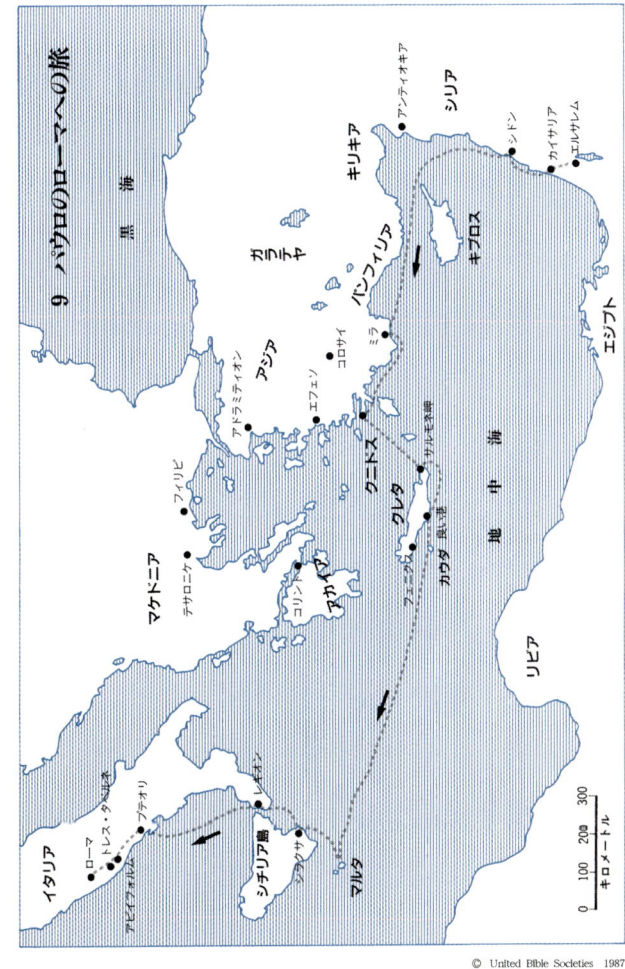

04民数記(5)
- 01 第31章 1-24ミディアンに対する復讐.mp3
- 02 第31章 25-47分捕り品の分配.mp3
- 03 第31章 48-54指揮官たちの献げ物.mp3
- 04 第32章 1-42ルベン族とガド族の土地.mp3
- 05 第33章 1-49エジプトを出てからの旅程.mp3
- 06 第33章 50-56ヨルダン川を渡るにあたっての命令.mp3
- 07 第34章 1-15イスラエルの嗣業の土地.mp3
- 08 第34章 16-29土地配分のために選ばれた人々.mp3
- 09 第35章 1-8レビ人の町.mp3
- 10 第35章 9-34逃れの町.mp3
- 11 第36章 1-13相続人が女性である場合の規定.mp3

05申命記(1)
- 01 第01章 1-5はじめに.mp3
- 02 第01章 6-8主の命令と約束.mp3
- 03 第01章 9-18役職者の任命.mp3
- 04 第01章 19-33偵察隊の報告と民の不信.mp3
- 05 第01章 34-46主の怒りと民の不服従.mp3
- 06 第02章 1-23北上の命令.mp3
- 07 第02章 24-37ヘシュボンの王シホンとの戦い.mp3
- 08 第03章 1-11バシャンの王オグとの戦い.mp3
- 09 第03章 12-17ヨルダン川東岸地方の割り当て.mp3
- 10 第03章 18-22進軍の命令.mp3
- 11 第03章 23-29モーセの願い.mp3
- 12 第04章 1-14モーセの勧告.mp3
- 13 第04章 15-40偶像礼拝に対する警告.mp3
- 14 第04章 41-43逃れの町.mp3
- 15 第04章 44-49律法のまえがき.mp3
- 16 第05章 1-22十戒.mp3
- 17 第05章 23-33神の言葉を取り次ぐ者.mp3
- 18 第06章 1-15唯一の主.mp3
- 19 第06章 16-25主の命令を守ること.mp3
- 20 第07章 1-5七つの民を滅ぼせ.mp3
- 21 第07章 6-15神の宝の民.mp3
- 22 第07章 16-26恐れるな.mp3

05申命記(2)
- 01 第08章 1-10神の賜る良い土地.mp3
- 02 第08章 11-20主を忘れることに対する警告.mp3
- 03 第09章 1-29かたくなな民.mp3
- 04 第10章 1-11再び戒めが授けられる.mp3
- 05 第10章 12-22神が求められること.mp3
- 06 第11章 1-12主の御業.mp3

07 第11章 13-32祝福と呪い.mp3	03 第18章 15-22預言者を立てる約束.mp3
08 第12章 1-12礼拝の場所.mp3	04 第19章 1-13逃れの町.mp3
09 第12章 13-28犠牲の肉と血.mp3	05 第19章 14地境の移動.mp3
10 第12章 29-13章1異教の礼拝に対する警告.mp3	06 第19章 15-21裁判の証人.mp3
11 第13章 .mp3	07 第20章 1-20戦争について.mp3
12 第13章 2-19他の神々の礼拝に対する警告.mp3	08 第21章 1-9野で殺された人.mp3
13 第14章 1-2禁止されている行為.mp3	09 第21章 10-14捕虜の女性との結婚.mp3
14 第14章 3-21清い動物と汚れた動物.mp3	10 第21章 15-17長子権について.mp3
15 第14章 22-29収穫の十分の一に関する規定.mp3	11 第21章 18-21反抗する息子.mp3
16 第15章 1-11負債の免除.mp3	12 第21章 22-23木にかけられた死体.mp3
17 第15章 12-18奴隷の解放.mp3	13 第22章 1-4同胞を助けること.mp3
18 第15章 19-23初子の規定.mp3	14 第22章 5ふさわしくない服装.mp3
19 第16章 1-17三大祝祭日.mp3	15 第22章 6-7母鳥と雛鳥.mp3
20 第16章 18-20正しい裁判.mp3	16 第22章 8屋根の欄干.mp3
21 第16章 21-17章7正しい礼拝.mp3	17 第22章 9-11混ぜ合わせてはならないもの.mp3
22 第17章 .mp3	18 第22章 12衣服の房.mp3
23 第17章 8-13上告について.mp3	19 第22章 13-21処女の証拠.mp3
24 第17章 14-20王に関する規定.mp3	20 第22章 22-23章1姦淫について.mp3
	21 第23章 .mp3
■5申命記(3)	22 第23章 2-9会衆に加わる資格.mp3
01 第18章 1-8レビ人および祭司に関する規定.mp3	23 第23章 10-15陣営を清く保つこと.mp3
02 第18章 9-14異教の習慣への警告.mp3	

11 新約時代のエルサレム

© United Bible Societies 2003

24 第23章 16-17逃亡奴隷の保護.mp3	05 第30章 .mp3
25 第23章 18-19神殿で禁じられていること.mp3	06 第31章 1-8ヨシュアの任命.mp3
26 第23章 20-21利子.mp3	07 第31章 9-13七年ごとの律法の朗読.mp3
27 第23章 22-24誓願.mp3	08 第31章 14-29神の最後の指示.mp3
28 第23章 25-26人の畑のもの.mp3	09 第31章 30-32章44モーセの歌.mp3
29 第24章 1-4再婚について.mp3	10 第32章 .mp3
30 第24章 5-22人道上の規定.mp3	11 第32章 45-47モーセの最後の勧告.mp3
31 第25章 1-3鞭打ち.mp3	12 第32章 48-52ネボ山に登れ.mp3
32 第25章 4脱穀する牛の保護.mp3	13 第33章 1-29モーセの祝福.mp3
33 第25章 5-10家名の存続.mp3	14 第34章 1-12モーセの死.mp3
34 第25章 11-12組み打ちの場合.mp3	**06ヨシュア記(1)**
35 第25章 13-16正しい秤.mp3	01 第01章 1-18モーセの後継者ヨシュア.mp3
36 第25章 17-19アマレクを滅ぼせ.mp3	02 第02章 1-24エリコを探る.mp3
37 第26章 1-15信仰の告白.mp3	03 第03章 1-17ヨルダン川を渡る.mp3
38 第26章 16-19神の民.mp3	04 第04章 1-24記念の十二の石.mp3
39 第27章 1-8石に掟を書き記せ.mp3	05 第05章 1-15契約のしるし.mp3
40 第27章 9-26呪いの掟.mp3	06 第06章 1-27エリコの占領.mp3
05申命記(4)	07 第07章 1-26アカンの罪.mp3
01 第28章 1-14神の祝福.mp3	08 第08章 1-29アイの滅亡.mp3
02 第28章 15-68神の呪い.mp3	09 第08章 30-35エバル山での律法の朗読.mp3
03 第28章 69-30章20モアブで結ばれた契約.mp3	
04 第29章 .mp3	

いちじく桑（ルカ 19:4）　いなご豆（ルカ 15:16）　恋なすび（創 30:14, 15）

テレビンの木（ヨシュ 24:26, 27）　とうごま（ヨナ 4:6）　ナルド（マコ 14:3）

ヒソプ（詩 51:9）　石造りの家（マコ 2:1, 2）　井戸（ヨハ 4:6, 7）

石投げ紐（サム上 17:39, 40）　臼（申 24:6）　装身具（出 12:35）

通貨（マタ 22:19〜21）　天幕（創 12:8）　ともし火（マタ 5:15）

ヨシュア記(2)
01 第09章 1-27ギブオン人の服従.mp3
02 第10章 1-43五人の王の征服.mp3
03 第11章 1-15ハツォルとその同盟国の征服.mp3
04 第11章 16-23占領地.mp3
05 第12章 1-6ヨルダン川の東側で征服された王たち.mp3
06 第12章 7-24ヨルダン川の西側で征服された王たち.mp3
07 第13章 1-14各部族の領土.mp3
08 第13章 15-23ルベン族.mp3
09 第13章 24-28ガド族.mp3
10 第13章 29-33マナセの半部族.mp3
11 第14章 1-5ヨルダン川の西側.mp3
12 第14章 6-15カレブ.mp3
13 第15章 1-12ユダ族の境界線.mp3
14 第15章 13-19オトニエル.mp3
15 第15章 20-63ユダ族の町々.mp3

ヨシュア記(3)
01 第16章 1-3ヨセフの一族.mp3
02 第16章 4-10エフライム.mp3
03 第17章 1-13マナセ族.mp3
04 第17章 14-18ヨセフの一族の開拓地.mp3
05 第18章 1-10その他の七部族.mp3
06 第18章 11-28ベニヤミン族.mp3
07 第19章 1-9シメオン族.mp3
08 第19章 10-16ゼブルン族.mp3
09 第19章 17-23イサカル族.mp3
10 第19章 24-31アシェル族.mp3
11 第19章 32-39ナフタリ族.mp3
12 第19章 40-48ダン族.mp3
13 第19章 49-51相続地の配分を終わる.mp3
14 第20章 1-9逃れの町.mp3
15 第21章 1-45レビ人の町.mp3
16 第22章 1-34ヨルダン川東岸諸部族の帰還.mp3
17 第23章 1-16ヨシュアの告別の言葉.mp3
18 第24章 1-28シケムの契約.mp3
19 第24章 29-31ヨシュアの死.mp3
20 第24章 32-33ヨセフの埋骨、エルアザルの死.mp3

■**CD 2　07士師記(1)〜14歴代誌下(3)**

07士師記(1)
01 第01章 1-2章5カナンの征服.mp3
02 第02章 .mp3
03 第02章 6-3章6主に背く世代が興る.mp3
04 第03章 .mp3

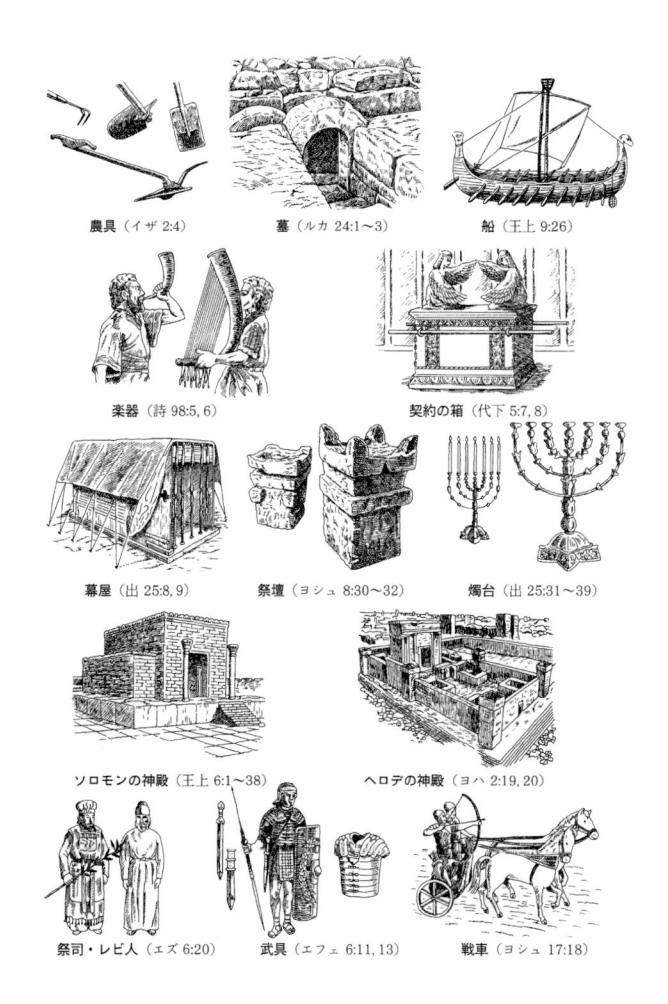

農具（イザ 2:4）　　墓（ルカ 24:1〜3）　　船（王上 9:26）

楽器（詩 98:5, 6）　　契約の箱（代下 5:7, 8）

幕屋（出 25:8, 9）　　祭壇（ヨシュ 8:30〜32）　　燭台（出 25:31〜39）

ソロモンの神殿（王上 6:1〜38）　　ヘロデの神殿（ヨハ 2:19, 20）

祭司・レビ人（エズ 6:20）　　武具（エフェ 6:11, 13）　　戦車（ヨシュ 17:18）

05 第03章7-11オトニエル.mp3
06 第03章12-30エフド.mp3
07 第03章31シャムガル.mp3
08 第04章1-24デボラとバラク.mp3
09 第05章1-31デボラの歌.mp3
10 第06章1-8章35ギデオン.mp3
11 第07章.mp3
12 第08章.mp3
13 第09章1-57アビメレクの過ち.mp3
14 第10章1-2トラ.mp3
15 第10章3-5ヤイル.mp3
16 第10章6-18イスラエルの罪と罰.mp3

07士師記(2)
01 第11章1-12章7エフタ.mp3
02 第12章.mp3
03 第12章8-10イブツァン.mp3
04 第12章11-12エロン.mp3
05 第12章13-15アブドン.mp3
06 第13章1-16章31サムソン.mp3
07 第14章.mp3
08 第15章.mp3
09 第16章.mp3

10 第17章1-18章31ダン族の移動.mp3
11 第18章.mp3
12 第19章1-21章25ベニヤミン族の犯行.mp3
13 第20章.mp3
14 第21章.mp3

08ルツ記
01 第01章1-7残されたナオミ.mp3
02 第01章7-19ルツの決意.mp3
03 第01章19-22うつろな帰国.mp3
04 第02章1-23ボアズの厚意.mp3
05 第2章23-3章18婚約.mp3
06 第03章.mp3
07 第04章1-10交渉.mp3
08 第04章11-17人々の祝福と神の祝福.mp3
09 第04章18-22ダビデの系図.mp3

09サムエル記上(1)
01 第01章1-20サムエルの誕生.mp3
02 第01章21-28ハンナ、サムエルをささげる.mp3
03 第02章1-11ハンナの祈り.mp3
04 第02章12-36エリに仕えるサムエル.mp3
05 第03章1-4章1サムエルへの主の呼びかけ.mp3
06 第04章.mp3

聖書について

「わたしの仕えているイスラエルの神，主は生きておられる」（王上17：1）。

エリヤ物語の初めに見られるこの言葉は，聖書の全内容を表している。聖書は，神と人間との歴史における出会いの物語である。この体験物語は，東地中海の諸国を舞台に，アブラハムとその子孫を中心に展開し，千有余年に及ぶ。唯一神への信仰は，紀元一世紀の終わりには，東地中海のあらゆる国に向けられ，多くの民族に，ついに全世界に伝えられることになる。

必要に応じて，ヘブライ語，アラム語，ギリシア語の三か国語で記されている聖書は，この神体験の集大成である。キリスト教では，これらの文書は旧約聖書と新約聖書の二つにまとめられている。旧約聖書は，アブラハムの子孫であるイスラエル民族と神との関係を述べている。神は，この民をエジプトでの奴隷状態から解放し，シナイ山で契約を結び，約束の地カナンを与え，さらにその後の歴史の歩みによって自らを知らせる。そこには，神による救いの体験に基づいて，未来の決定的救い主を待望させる数々の劇的な物語も織り込まれている。来るべき救い主はメシアと呼ばれ，新約時代になると，ユダヤ人以外の人々も，イエスを約束の救い主と信じ，メシアのギリシア語訳である「キリスト」の称号をこのイエスに付けることになる。初期キリスト者は，いち早く，イエスこそ，その言葉，行為，死去，復活を通して，神がその民に与えた約束を実現したこと，そして，旧約の預言者エレミヤが告げた新しい契約（エレ31：31－34）を完成したことを確信する。新約の使徒の一人であるパウロは，「コリントの信徒への手紙2」（3：14）で，イスラエルの指導者モーセを通して結ばれたシナイ山の契約に言及するとき，これを古い契約と呼んでいる。以来キリスト者は，この契約を中心として書かれた諸書を「旧約聖書」，イエスによる新しい契約を中心として書かれた諸書を「新約聖書」と呼んでいる。新約は旧約に取って替わったとはいえ，新約を理解するためには旧約を知ることがぜひ必要であり，両者は同一の神について語る連続の書である。

聖書の神は，その第一ページから，言葉で働く神であり，人間に働きかける。神はアブラハムに話し，アブラハムは行動に移る。モーセは神の言葉を聞いてエジプトからの脱出を敢行する。イザヤとエレミヤは神の言葉を民に語る。「ヨハネによる福音書」は，イエスを神の言葉と呼んでおり（ヨハ1：1），事実，イエスには，神が人間に伝えようとすることが余すところなく集められている。聖書の著者はすべて，その名前が知られている

07 第04章1-5章12神の箱、奪われる.mp3	02 第22章1-23アドラムとミツパにおけるダビデ.mp3
08 第05章.mp3	03 第23章1-28ケイラとジフにおけるダビデ.mp3
09 第06章1-7章1神の箱の帰還.mp3	04 第24章1-23エン・ゲディにおけるダビデとサウル.mp3
10 第07章.mp3	05 第25章1-44サムエルの死.mp3
11 第07章2-17イスラエルの指導者サムエル.mp3	06 第26章1-25ダビデ、サウルを寛大に扱う.mp3
12 第08章1-22民、王を求める.mp3	07 第27章1-12アキシュのもとに滞在するダビデ.mp3
13 第09章1-10章27サウル、油を注がれて王となる.mp3	08 第28章1-25サウル、口寄せの女を訪れる.mp3
14 第10章.mp3	09 第29章1-11ダビデ、ペリシテ軍から離脱する.mp3
15 第11章1-15サウルの勝利と即位.mp3	10 第30章1-31アマレク人に対するダビデの出撃.mp3
	11 第31章1-13ギルボア山での戦闘.mp3
9サムエル記上(2)	
01 第12章1-25サムエルの告別の辞.mp3	**10サムエル記下(1)**
02 第13章1-23ペリシテ人との戦い.mp3	01 第01章1-16ダビデ、サウルの死を知る.mp3
03 第14章1-52ヨナタンの英雄的な行動.mp3	02 第01章17-27哀悼の歌「弓」.mp3
04 第15章1-35アマレク人との戦い.mp3	03 第02章1-7ダビデ、ユダの王となる.mp3
05 第16章1-13ダビデ、油を注がれる.mp3	04 第02章8-3章1イスラエルとユダの戦い.mp3
06 第16章14-23ダビデ、サウルに仕える.mp3	05 第03章.mp3
07 第17章1-58ダビデとゴリアト.mp3	06 第03章2-5ヘブロンで生まれたダビデの息子.mp3
08 第18章1-30ダビデに対するサウルの敵意.mp3	07 第03章6-21アブネル、ダビデの側につく.mp3
09 第19章1-24ダビデの逃亡.mp3	08 第03章21-39アブネル、暗殺される.mp3
10 第20章1-42ダビデとヨナタン.mp3	09 第04章1-12イシュ・ボシェトの死.mp3
	10 第05章1-5ダビデ、イスラエルとユダの王となる.mp3
9サムエル記上(3)	11 第05章6-12ダビデの町エルサレム.mp3
01 第21章1-16アヒメレクのもとでのダビデ.mp3	

と否とにかかわらず，共通して神の言葉の証人であり，彼らのおかげで，今日もこの言葉はわたしたちの生き方を照らし，教え，導き，人々に新しい救いを与える。

旧約聖書

聖書の最初の五つの書は「モーセ五書」と呼ばれるが，新約の福音書でこれらの書は通常「律法」といわれている。神の民が，シナイ山で結ばれた契約にふさわしく生きるのに必要なことが含まれているからである。「創世記」には天地万物，人間，イスラエル民族の起源が述べられており，特に，アブラハム，イサク，ヤコブ，ヨセフの偉大な先祖が紹介されている。第二の書「出エジプト記」は，その名称が示す通り，イスラエルの民のエジプトからの脱出とシナイ山の契約を述べている。これに続く三書では，この契約によって求められた生き方が記されている。「レビ記」は，レビ族に託された宗教的，民事的法規を収めたものである。「民数記」は，荒れ野滞在時代の人口調査からその名を得ている。「申命記」は，エジプト脱出と荒れ野滞在中の出来事の意味と，約束の地に入る際に守るべき神の律法を述べながら神への誠実を説く，長い温かい勧告の書である。

モーセ五書に，イスラエルの民の歴史的な体験を物語る文書が続く。生ける神と人間との出会いは，イスラエルの生活の中で展開したからである。これらの書を読むと，長い歴史の歩みの中で，イスラエルの民が忠実であるときにも，不忠実であるときにも，神がどのようにしてその民と共におられたかを知ることができる。

これらの文書は大別して二種類のイスラエル史からできている。一つは「ヨシュア記」「士師記」「サムエル記」「列王記」を含み，もう一つは「歴代誌」「エズラ記」「ネヘミヤ記」から成る。第一のイスラエル史の中で，「ヨシュア記」は，モーセの後継者であるヨシュアの指導のもとでなされたカナン征服と，イスラエルの十二部族に与えられた土地の分割を述べている。「わたしはモーセと共にいたように，あなたと共にいる。あなたを見放すことも，見捨てることもない」（ヨシュ1：5）。これが聖書全体の伏線となる本書の主題である。勝利の喜びが各ページに感じられる。

「士師記」では，カナン定着に伴う種々の困難な出来事の中で，イスラエル人の心がカナン住民の礼拝する神々に傾き，しばしば近隣の民に屈服させられた経緯が語られる。この苦難のとき，民は神への不誠実を悔い，神に立ち帰って，その助けを願う。神は民の過ちにもかかわらず，この呼び

12 第05章13-16エルサレムで生まれたダビデの子供.mp3	
13 第05章17-25ダビデ、ペリシテ人を破る.mp3	
14 第06章1-23神の箱をエルサレムへ運び上げる.mp3	
15 第07章1-17ナタンの預言.mp3	
16 第07章18-29ダビデ王の祈り.mp3	
17 第08章1-14ダビデの戦果.mp3	
18 第08章15-18ダビデの重臣たち.mp3	

10 サムエル記下(2)

01 第09章1-13ダビデとメフィボシェト.mp3
02 第10章1-19アンモン、アラムとの戦い.mp3
03 第11章1-27ウリヤの妻バト・シェバ.mp3
04 第12章1-23ナタンの叱責.mp3
05 第12章24-25ソロモンの誕生.mp3
06 第12章26-31ラバの占領.mp3
07 第13章1-22アムノンとタマル.mp3
08 第13章23-39アブサロムの復讐.mp3
09 第14章1-33ダビデ、アブサロムを赦す.mp3
10 第15章1-16アブサロムの反逆.mp3
11 第15章17-23ダビデとイタイ.mp3
12 第15章24-29ツァドク、アビアタルと神の箱.mp3
13 第15章30-37ダビデとフシャイ.mp3

10 サムエル記下(3)

01 第16章1-4ダビデとツィバ.mp3
02 第16章5-14ダビデとシムイ.mp3
03 第16章5-17章23アヒトフェルとフシャイ.mp3
04 第17章.mp3
05 第17章24-18章5会戦の準備.mp3
06 第18章.mp3
07 第18章6-18戦闘とアブサロムの死.mp3
08 第18章19-19章1二人の急使.mp3
09 第19章.mp3
10 第19章2-9ヨアブ、ダビデを非難する.mp3
11 第19章9-15エルサレムへの帰還.mp3
12 第19章16-31ヨルダン川を渡る.mp3
13 第19章32-40王とバルジライ.mp3
14 第19章41-44イスラエルとユダ.mp3
15 第20章1-22シェバの反逆.mp3
16 第20章23-26ダビデの重臣たち.mp3
17 第21章1-14飢饉とサウルの子孫.mp3
18 第21章15-22対ペリシテ戦における武勲.mp3
19 第22章1-51ダビデの感謝の歌.mp3
20 第23章1-7ダビデの最後の言葉.mp3
21 第23章8-39ダビデの勇士たち.mp3

かけにこたえ，救済者として「士師」を遣わす。神は真に民の"救い主"である。

「サムエル記」の上下二巻は，部族の統合がいかになされ，サウルとダビデによる中央集権がいかに形成されたかを物語っている。ここに王朝が成立する。「列王記」の上下二巻は，王朝の終わるエルサレム没落までを述べる。神の要求を具体的に知らせる預言者が現れるのはこの時期であり，彼らの文書である預言書は旧約聖書の終わりに収められている。

「士師記」における不誠実と悔い改めの物語の直後に，ルツというモアブ人女性の誠実を物語る短編「ルツ記」が挿入されている。その誠実な生涯の結果，彼女は偉大な王ダビデの系図に名を連ねることになる。

第二のイスラエル史の中心点は，エルサレムとその神殿である。「歴代誌」の上下二巻はダビデとソロモンのもとでの神殿建築と礼拝を述べ，「エズラ記」と「ネヘミヤ記」の両書は，捕囚の身となった民のバビロニアからの帰還，破壊された神殿の捕囚後の再建と，エルサレムのユダヤ人共同体の形成を描いている。

「エステル記」は，捕囚となった一ユダヤ人女性が，ユダヤ人絶滅をたくらむ陰謀をいかに挫折させたかを物語っている。

千有余年の間，神がその民のうちに現存した事実を物語る以上の各書に，知恵文学の諸書が続く。「ヨブ記」は旧約聖書の最も劇的な書の一つであり，ヨブとその友人との対話形式による長い詩である。苦しむヨブが「利益もないのに，神を敬うだろうか」（1：9）ということが対話の主題であり，それはヨブ一人の問題ではなく，苦しむ義人すべての問題でもある。「詩編」は，共同あるいは個人の種々の祈りを収めたもので，賛美の詩，感謝の詩，嘆願の詩等から成っている。あるものは救いの歴史を思いめぐらすものであったり，あるものは神を迎えるための生き方を考えるものであったりする。

「箴言」は，人生のさまざまな状況の中で，神の前での正しい生き方を教える知恵者たちの金言集である。ここに示される賢明な行動のみが人間に有益である。「コヘレトの言葉」は，死に運命づけられた人間の生の意義について考えた，ある知恵者の書である。「雅歌」は愛の歌を集めたものであり，ユダヤ人もキリスト者も伝統的に，これを神と人間との相互愛の象徴的表現と見る。

旧約聖書は，預言者の説教の集大成で終わる。預言者とは，神の言葉を語るために神によって呼び出された人々である。

22 第24章1-25ダビデの人口調査.mp3

1列王記上(1)
01 第01章1-53王位継承の争い.mp3
02 第02章1-11ダビデ王の最期.mp3
03 第02章12-46王位をうかがう者のその後.mp3
04 第03章1-28ソロモンの知恵.mp3
05 第04章1-5章14ソロモンの統治とその繁栄.mp3
06 第05章.mp3
07 第05章15-32神殿建築の準備.mp3
08 第06章1-38神殿の建築.mp3

1列王記上(2)
01 第07章1-12宮殿の建築.mp3
02 第07章13-51神殿の備品の製作.mp3
03 第08章1-66契約の箱の安置とソロモンの祈り.mp3
04 第09章1-9主の顕現.mp3
05 第09章10-28ソロモンの諸事業.mp3
06 第10章1-13シェバの女王の来訪.mp3
07 第10章14-29ソロモンの富.mp3

1列王記上(3)
01 第11章1-43ソロモンの背信とその結果.mp3
02 第12章1-33王国の分裂.mp3

03 第13章1-34ベテルへの呪い.mp3
04 第14章1-20ヤロブアムの子の病死.mp3
05 第14章21-31ユダの王レハブアム.mp3
06 第15章1-8ユダの王アビヤム.mp3
07 第15章9-24ユダの王アサ.mp3
08 第15章25-32イスラエルの王ナダブ.mp3
09 第15章33-16章7イスラエルの王バシャ.mp3
10 第16章.mp3
11 第16章8-14イスラエルの王エラ.mp3
12 第16章15-22イスラエルの王ジムリ.mp3
13 第16章23-28イスラエルの王オムリ.mp3
14 第16章29-34イスラエルの王アハブ.mp3

1列王記上(4)
01 第17章1-24預言者エリヤ、干ばつを預言する.mp3
02 第18章1-40エリヤとバアルの預言者.mp3
03 第18章41-46干ばつの終わり.mp3
04 第19章1-18ホレブに向かったエリヤ.mp3
05 第19章19-21エリヤ、エリシャを召し出す.mp3
06 第20章1-43イスラエルとアラムの戦い.mp3
07 第21章1-29ナボトのぶどう畑.mp3
08 第22章1-40預言者ミカヤとアハブ王の死.mp3
09 第22章41-51ユダの王ヨシャファト.mp3

「イザヤ」は、紀元前八世紀の後半、アッシリア帝国の最盛期にエルサレムに遣わされた神の使者であり、王と住民全体を、どんなときも神に信頼し、神に従うように招く。本書の第二部（40〜55章）は、バビロニアに移されたユダヤ人に向けられ、第三部（56〜66章）は未来のエルサレムを歌っている。

「エレミヤ」も、エルサレムの住民に語るが、時代的にはイザヤの一世紀以上後の新バビロニア帝国の初期のことである。エレミヤは民を愛しているが、破局の近いことを告げる孤独の人であり、しばしば迫害される。彼はエルサレムの陥落と王朝の最後の目撃者である。「哀歌」は、五つの歌から成り、このエルサレムの滅亡を嘆く。

「エゼキエル」は、エルサレムの神殿の祭司であり、エレミヤと同時代に活躍する。バビロニアに移され、捕囚の民のもとで使命を果たす。しばしば人の思いも及ばぬ行動と弁舌に走るが、エルサレムの荒廃を知ると、その説くところは変わり、生存者に慰めと救いの使信を告げる。

「ダニエル」は、バビロニア王の宮廷に仕えているユダヤ人の青年として現れ、迫害の中の信仰者に対し、信仰を堅持し神の最終的勝利を希望するよう促す。

これらの四つの預言書に、他の預言者たちの説教を伝える短い文書が加えられ、十二小預言書と呼ばれる。これらの預言者の中には、イザヤやエレミヤと同時代の人もいる。たとえば前八世紀中ごろ、イスラエル王国の隆盛時代に活躍した「アモス」は、形式的な礼拝と貧者への圧迫を告発する。その後しばらくして現れた「ホセア」は、民に対する神の愛、欺かれた愛を告知する。イザヤと同時代の人「ミカ」も、ユダの住民や、不忠実な民に対して神が起こす訴えを語り、第二のダビデの到来を告げる。「ヨナ書」は、やや趣を異にし、ニネベの住民に悔い改めを迫る預言者ヨナの出会った冒険を物語っている。「ハガイ」と「ゼカリヤ」は、捕囚のイスラエルのバビロニアからの帰還後、神殿の再建に協力しており、「マラキ」は、神の正しい裁きと救いの日が訪れることを告げる。

旧約聖書続編

この部分の文書は、一世紀末ユダヤ教で聖書の正典目録を定めるとき受け入れられなかったので、ユダヤ人の聖書には含まれていないが、もともとは、紀元前から紀元後一世紀までの四世紀の間に成立したユダヤ教の宗教的文書である。「知恵の書」と「マカバイ記 2」を除く他の諸書は、まずヘブライ語またはアラム語で記され、パレスチナ以外の地に住んでこれら

    10 第22章52-54イスラエルの王アハズヤ.mp3
12列王記下(1)
    01 第01章1-18エリヤとイスラエルの王アハズヤ.mp3
    02 第02章1-18エリヤ、天に上げられる.mp3
    03 第02章19-25エリシャの二つの奇跡.mp3
    04 第03章1-27イスラエルの王ヨラム.mp3
    05 第04章1-6章7エリシャの奇跡.mp3
    06 第05章.mp3
    07 第06章.mp3
    08 第06章8-7章20アラム軍の敗退.mp3
    09 第07章.mp3
    10 第08章1-6シュネムの婦人への返済.mp3
    11 第08章7-15ダマスコでのエリシャの預言.mp3
    12 第08章16-24ユダの王ヨラム.mp3
    13 第08章25-29ユダの王アハズヤ.mp3
12列王記下(2)
    01 第09章1-10章36イエフの謀反.mp3
    02 第10章.mp3
    03 第11章1-20祭司ヨヤダとアタルヤ.mp3
    04 第12章1-22ユダの王ヨアシュ.mp3
    05 第13章1-9イスラエルの王ヨアハズ.mp3
    06 第13章10-13イスラエルの王ヨアシュ.mp3
    07 第13章14-21エリシャの死.mp3
    08 第13章22-25イスラエルとアラムの戦い.mp3
    09 第14章1-7ユダの王アマツヤ.mp3
    10 第14章8-22アマツヤとヨアシュの戦い.mp3
    11 第14章23-29イスラエルの王ヤロブアム二世.mp3
    12 第15章1-7ユダの王アザルヤ.mp3
    13 第15章8-12イスラエルの王ゼカルヤ.mp3
    14 第15章13-16イスラエルの王シャルム.mp3
    15 第15章17-22イスラエルの王メナヘム.mp3
    16 第15章23-26イスラエルの王ペカフヤ.mp3
    17 第15章27-31イスラエルの王ペカ.mp3
    18 第15章32-38ユダの王ヨタム.mp3
    19 第16章1-20ユダの王アハズ.mp3
    20 第17章1-41イスラエルの王ホシェアとサマリアの陥落.mp3
12列王記下(3)
    01 第18章1-12ユダの王ヒゼキヤ.mp3
    02 第18章13-19章37センナケリブの攻撃.mp3
    03 第19章.mp3
    04 第20章1-11ヒゼキヤの病気.mp3
    05 第20章12-21バビロンからの見舞い客.mp3

    の言語を解しないユダヤ人のために旧約の他の書と同様，ギリシア語に訳されたものである。キリスト教では，ギリシア語がいち早く共通語となり，初期キリスト者は，離散のユダヤ人たちの用いた「ギリシア語訳旧約聖書」とともにこれらの続編も受け継いでいる。

    これらユダヤ人の宗教的文書は，キリスト教によって我々に伝えられたものであるが，キリスト教では四世紀ごろからこの文書について，二つの見解が見られるようになる。すなわち，これは旧約の他の書に劣るとする見方と，同等とする見方である。今日，カトリック教会ではこれに旧約と同等の価値が付され，「第二正典」と呼ばれる。もっとも，「エズラ記（ギリシア語）」「エズラ記（ラテン語）」「マナセの祈り」は，カトリック教会もまた「アポクリファ」と呼ぶ。プロテスタント教会では，なんらかの価値を認める教会もあれば，これらのすべてを全く認めない教会もあり，そこでは「アポクリファ」あるいは「外典」と呼ばれる。本聖書では，この部分全体についてすでに戦前に使用されていた「続編」の用語を採用することにした。

    十九世紀までは，一般に旧約続編も翻訳して出版されていた。カトリックとギリシア正教では旧約の他の書の間に，十六世紀初めの若干のカトリック聖書と多くのプロテスタント聖書では，旧約と新約との中間に，まとめて置かれていた。本聖書は後者の慣例に従っている。（この慣例は，1968年にプロテスタントの聖書協会世界連盟とローマの教皇庁キリスト教一致推進事務局とが共同で公にした「聖書の共同翻訳のための標準原則」が定めているところとも一致する。）

    「トビト記」と「ユディト記」は，前述の「ルツ記」や「エステル記」と同じく，困難な状況の中で唯一神にいかに忠実に生きるかを示す民間説話である。「ギリシア語本文によるエステル記」は，「ヘブライ語のエステル記」にモルデカイやエステルの祈りなど，多少の追加をしたものである。「マカバイ記」の二巻は，それぞれ独立の書であるが，いずれも紀元前二世紀，パレスチナのユダヤ人に対する宗教的な迫害のゆえに起きた闘争を物語る。

    「知恵の書」と「シラ書」は，「箴言」の系統に属し，日常生活と人生問題に指針を与えている。「バルク書」と「エレミヤの手紙」は，預言書に類似した文書で，前者は罪の告白，知恵についての思索，エルサレムの慰めから成っている。後者は偶像崇拝に対する警告である。「ダニエル書補遺」には，アザルヤの祈りと三人の若者の賛歌など，ダニエルを中心人物とする三つの教訓的短編が含まれる。

06 第21章1-18ユダの王マナセ.mp3	10 第03章1-24ダビデの子孫.mp3
07 第21章19-26ユダの王アモン.mp3	11 第04章1-43ユダの子孫-もう一つのリスト.mp3
08 第22章1-23章30ユダの王ヨシヤ.mp3	12 第05章1-10ルベンの子孫.mp3
09 第23章.mp3	13 第05章11-22ガドの子孫.mp3
10 第23章31-35ユダの王ヨアハズ.mp3	14 第05章23-26ヨルダン川東のマナセの子孫.mp3
11 第23章36-24章7ユダの王ヨヤキム.mp3	15 第05章27-41レビの子孫-大祭司の系譜.mp3
12 第24章.mp3	16 第06章1-15レビの一族.mp3
13 第24章8-17ユダの王ヨヤキン.mp3	17 第06章16-38詠唱者.mp3
14 第24章18-20　ユダの王ゼデキヤ.mp3	18 第06章39-66レビ族の居住地.mp3
15 第25章1-21エルサレムの陥落.mp3	19 第07章1-5イサカルの子孫.mp3
16 第25章22-26ユダの統治者ゲダルヤ.mp3	20 第07章6-12ベニヤミンの子孫.mp3
17 第25章27-30ヨヤキンの解放.mp3	21 第07章13ナフタリの子孫.mp3
3歴代誌上(1)	22 第07章14-19マナセの子孫.mp3
01 第01章1-27アダムからアブラハムまでの系図.mp3	23 第07章20-29エフライムの子孫.mp3
02 第01章28-42アブラハムの子孫.mp3	24 第07章30-40アシェルの子孫.mp3
03 第01章43-54エドムの王.mp3	25 第08章1-40ベニヤミンの子孫-もう一つのリスト.mp3
04 第02章1-2イスラエルの子ら.mp3	26 第09章1-44捕囚期の後、エルサレムに住んだ者.mp3
05 第02章3-9ユダの子孫.mp3	**13歴代誌上(2)**
06 第02章10-17ラムの子孫.mp3	01 第10章1-14サウルの死.mp3
07 第02章18-24カレブの子孫.mp3	02 第11章1-12章41ダビデ王の登場.mp3
08 第02章25-41エラフメエルの子孫.mp3	03 第12章.mp3
09 第02章42-55カレブのほかの子孫.mp3	04 第13章1-14神の箱を迎えに行く.mp3

　続編の最後に置かれている「エズラ記（ギリシア語）」「エズラ記（ラテン語）」「マナセの祈り」は、「エズラ記（ラテン語）」を除いて、キリスト教の聖書のギリシア語写本によって伝えられ、いずれもカトリック教会では正典の中に数えられていない。「第三エズラ記」「第四エズラ記」「マナセの祈り」の名称でラテン語聖書の付録として出版されていたが、聖公会の聖書ではアポクリファに加えられている。

　「エズラ記（ギリシア語）」の主題は、ヨシヤ、ゾロバベル、エズラによる礼拝の改革であり、これについての史料を提供する。「エズラ記（ラテン語）」は、黙示文学に属し、おそらく一世紀末に書かれたと思われ、悪、苦しみ、迫害の問題や、神の裁きを述べている。「マナセの祈り」は、神の赦しを謙虚に乞い求める嘆願である。

新約聖書

　「神はかつて預言者たちによって多くのかたちで、また多くのしかたで先祖に語られたが、この終わりの時代には御子によってわたしたちに語られた。」

　「ヘブライ人への手紙」冒頭（1：1，2）のこの句は、新約聖書全体を巧みに要約している。アブラハム、モーセ、預言者たちを呼び出し、イスラエルの民の長い歴史を通して自らを知らせた生ける神は、民との完全な出会いを実現し、エレミヤが告げた新しい契約を結ぶため、ついにその独り子を送る。「ヨハネによる福音書」はこの独り子を紹介して、「わたしを見る者は、わたしを遣わされた方を見るのである。」（ヨハ12：45）というイエスの言葉を伝えている。新約聖書はまさに、イエス・キリストを通して与えられる神と人間との決定的な出会いと、各人にとってのその意義を物語る書である。比較的短い二十七の書物は、福音書、「使徒言行録」、手紙、「ヨハネの黙示録」から成っている。

　福音は、イエスがもたらした決定的救いの恵みであり、福音書は、このイエスがその短い生涯で行い、教えたことを伝え、イエスの死と復活を語る。これは伝記というよりも、イエスによって生きた人々の証言の記録である。

　「マタイによる福音書」は、ユダヤ教から改宗したキリスト者に特に留意して編集されている。ここにはイエスが旧約の約束と待望の成就であることが力説され、イエスの教えは、五つの大説教（5〜7章，10章，13章，18章，24〜25章）のかたちで紹介されている。

　「マルコによる福音書」は、異邦人の改宗者を対象としており、福音の言

05 第14章1-17ダビデ王の勢力増大.mp3
06 第15章1-29神の箱を迎えに行く.mp3
07 第16章1-43神の箱の前で儀式を始める.mp3
08 第17章1-15ナタンの預言.mp3
09 第17章16-27ダビデ王の祈り.mp3
10 第18章1-13ダビデの戦果.mp3
11 第18章14-17ダビデの重臣たち.mp3
12 第19章1-20章8アンモン、アラムとの戦い.mp3
13 第20章.mp3

13 歴代誌上(3)
01 第21章1-22章1ダビデの人口調査.mp3
02 第22章.mp3
03 第22章2-19神殿造営の準備.mp3
04 第23章1-32レビ人の任務.mp3
05 第24章1-19祭司の組織.mp3
06 第24章20-31その他のレビ人.mp3
07 第25章1-31詠唱者.mp3
08 第26章1-28門衛.mp3
09 第26章29-32他のレビ人の任務.mp3
10 第27章1-24軍隊の組織.mp3
11 第27章25-34王室財産の管理.mp3
12 第28章1-21ダビデによる神殿建築の宣言.mp3

13 第29章1-9神殿建築のための寄贈.mp3
14 第29章10-20ダビデの祈り.mp3
15 第29章21-30ソロモン王の即位.mp3

14 歴代誌下(1)
01 第01章1-17ソロモンの知恵と富.mp3
02 第01章18-5章1神殿の建築.mp3
03 第02章.mp3
04 第03章.mp3
05 第04章.mp3
06 第05章.mp3
07 第05章2-7章10契約の箱の安置とソロモンの祈り.mp3
08 第06章.mp3
09 第07章.mp3
10 第07章11-22主の顕現.mp3
11 第08章1-18ソロモンの諸事業.mp3
12 第09章1-12シェバの女王の来訪.mp3
13 第09章13-31ソロモンの富.mp3
14 第10章1-19王国の分裂.mp3
15 第11章1-23ユダの王レハブアム.mp3
16 第12章1-16エジプト王シシャクの攻撃.mp3
17 第13章1-23ユダの王アビヤ.mp3

葉によって絶えず働いているイエスに従うよう、人々を招いている。

ルカは、「ルカによる福音書」と「使徒言行録」の著者である。前者はギリシア文化に親しんでいる読者に向けられており、ユダヤ人のみならずすべての人の救い主であるイエスが、特に弱い者、小さい者や罪人（つみびと）に近づいてこれに福音を語ることが強調されている。また、エルサレムで十字架にかかり、復活するためにエルサレムに上るイエスの姿を伝えるが（9：51〜19：27）、この死と復活の神秘こそ、地の果てまで告げ知らされる聖書の救いの使信の核心である。「使徒言行録」は、イエスがもたらした救いの告知がペトロ、パウロなどによってエルサレムに始まり、サマリア、シリア、ギリシアから、ローマまでに広がる経過を描いている。「ヨハネによる福音書」は、読者がイエスを神の独り子と信じて永遠の命を得るように記され、イエスの言行のうち特に意味深いものを伝えようとしている。

パウロの手紙は、彼が創設した諸教会、訪ねようと思うローマのキリスト教徒、あるいは彼の協力者にあてられたもので、手紙の配置は、年代順ではない。

「ローマの信徒への手紙」は、神の恵みの力、罪人である人間の姿、信仰による救い、信仰者の新しい生き方、死んで復活したキリストとの一致、また聖霊による新しい生活等、パウロの説教の重要な主題を扱っている。「コリントの信徒への手紙」は、パウロが一年半滞在して創設したコリントの教会にあてられている。その中の「第一の手紙」は、彼の出発後分裂した共同体を一致させ、提起された諸問題に答えている。よく知られた「愛の賛歌」は13章に見られる。「第二の手紙」は、パウロの不在中に反対者が現れたコリント教会の危機時代をかいま見せ、パウロの和解の熱意と和解に続く大きな喜びが知らされる。パウロは本書でエルサレムの教会への献金を勧めているが、後半の数章（10〜12章）はパウロの心を示す自伝的なものである。

「ガラテヤの信徒への手紙」も、異なる信仰の危機への応答であり、パウロは、キリストがもたらした新しい契約の特長を情熱を傾けて語る。

続く三つの手紙と「フィレモンへの手紙」とは、パウロが牢獄で書いたものである。まず、「エフェソの信徒への手紙」はユダヤ人、異邦人を問わず、キリスト者はすべてキリストに一致して、キリストの体を形づくっていることを説明したのち後半では、この一致を日常生活の中で生きるように促している。フィリピはパウロが創設した西洋の最初の教会であり、「フィリピの信徒への手紙」には援助への感謝が述べられている。パウロは

■4歴代誌下(2)
01 第14章1-16章14ユダの王アサ.mp3
02 第15章.mp3
03 第16章.mp3
04 第17章1-19ユダの王ヨシャファト.mp3
05 第18章1-34預言者ミカヤとアハブ王の死.mp3
06 第19章1-11エルサレムにおけるヨシャファト.mp3
07 第20章1-21章1ヨシャファトの勝利.mp3
08 第21章.mp3
09 第21章2-20ユダの王ヨラム.mp3
10 第22章1-9ユダの王アハズヤ.mp3
11 第22章10-23章21祭司ヨヤダとアタルヤ.mp3
12 第23章.mp3
13 第24章1-27ユダの王ヨアシュ.mp3
14 第25章1-28ユダの王アマツヤ.mp3
15 第26章1-23ユダの王ウジヤ.mp3

■4歴代誌下(3)
01 第27章1-9ユダの王ヨタム.mp3
02 第28章1-27ユダの王アハズ.mp3
03 第29章1-36ユダの王ヒゼキヤ.mp3
04 第30章1-27過越祭.mp3
05 第31章1-21ヒゼキヤの改革.mp3
06 第32章1-33センナケリブの攻撃.mp3
07 第33章1-20ユダの王マナセ.mp3
08 第33章21-25ユダの王アモン.mp3
09 第34章1-35章27ユダの王ヨシヤ.mp3
10 第35章.mp3
11 第36章1-4ユダの王ヨアハズ.mp3
12 第36章5-8ユダの王ヨヤキム.mp3
13 第36章9-10ユダの王ヨヤキン.mp3
14 第36章11-23ユダの王ゼデキヤとバビロン捕囚.mp3

■CD 3　15エズラ記～23イザヤ書(5)
■15エズラ記
01 第01章1-11ペルシアの王キュロスの布告.mp3
02 第02章1-70帰還した捕囚の民.mp3
03 第03章1-7礼拝の開始.mp3
04 第03章8-13神殿の基礎.mp3
05 第04章1-5工事の中断.mp3
06 第04章6-16アルタクセルクセス王への書簡.mp3
07 第04章17-24アルタクセルクセス王の返事.mp3
08 第05章1-5神殿の工事の開始.mp3
09 第05章6-17ダレイオス王への書簡.mp3
10 第06章1-12ダレイオス王の返事.mp3

　獄中にあっても，キリストによる喜びと信頼とに満たされており，喜びの手紙といわれる。コロサイはエフェソの東方の町で，キリスト教の共同体はパウロの弟子によって創設された。パウロは「コロサイの信徒への手紙」の中で，種々の宗教思想によって惑わされているキリスト者を助けるために，救いにおけるキリストの卓越した役割を説く。
　「テサロニケの信徒への手紙1」は，パウロの最も初期の手紙で，未熟で迫害にさらされている信者たちを力づけるために書かれている。「第二の手紙」は，キリストの再臨を見られないのでないかとの不安を抱くキリスト者にこたえている。
　「テモテ」と「テトス」はパウロの協力者で，パウロは彼らに託された教会をよく指導するよう励ます三つの手紙（「テモテへの手紙1，2」と「テトスへの手紙」）を送る。「フィレモン」はパウロの友人，協力者であり，獄中のパウロは，主人のもとから逃亡し自分のところでキリスト者となった，フィレモンの奴隷オネシモを兄弟として迎えるよう勧告する。
　「ヘブライ人への手紙」は，長い勧告の書であり，旧約聖書を引用しながら，キリストが預言者，天使，モーセにまさること，またその祭司職は旧約のそれをはるかに凌駕することを指摘し，よく知られる11章には，信仰のすばらしさが述べられている。本書がどこで，だれにあててしたためられたかは分かっていない。
　続く手紙のうち，「ヨハネの手紙2，3」以外は，キリスト者全体にあてられている。「ヤコブの手紙」は，信仰生活の実際的側面，特に共同体内での人間関係や家の問題に指針を与える。「ペトロの手紙1」は，迫害によって失意のうちにあるキリスト者を勇気づけ，「ペトロの手紙2」と「ユダの手紙」は，異端に対して信仰を純粋に保つよう求める。「ヨハネの手紙1」は，キリスト教の本質である愛を語る。この手紙と「ヨハネの手紙2，3」は，神の子の受肉を否定する説に直面しているキリスト者の信仰を強める目的で書かれている。
　新約聖書は，人間を救う神の計画が，キリストの輝かしい再臨に向かって，どのように完成されるかを象徴を用いて示す「ヨハネの黙示録」で終わる。これは迫害の下に苦しむキリスト者を励ます書である。

　読者がこの聖書を通して，生ける神と出会い，日々の生活の中で救いを見いだせるようにと祈ってやまない。

11 第06章13-22神殿の完成.mp3
12 第07章1-28エズラの帰還.mp3
13 第08章1-14バビロンから上って来た人々.mp3
14 第08章15-20レビ人の勧誘.mp3
15 第08章21-23旅の初めの祈り.mp3
16 第08章24-30神殿の祭具を寄託.mp3
17 第08章31-36エルサレムに到着.mp3
18 第09章1-6異民族の娘との結婚.mp3
19 第09章6-15エズラの祈り.mp3
20 第10章1-44異民族の妻子との絶縁.mp3

16 ネヘミヤ記(1)
01 第01章1-11ネヘミヤの祈り.mp3
02 第02章1-20ネヘミヤのエルサレム旅行.mp3
03 第03章1-32エルサレムの城壁の修復.mp3
04 第03章33-4章17敵の妨害.mp3
05 第04章.mp3
06 第05章1-19民の不正の解消.mp3
07 第06章1-19敵の脅迫.mp3
08 第07章1-3城壁の完成と警備.mp3
09 第07章4-72帰還した捕囚の民.mp3
10 第07章72-8章12モーセの律法の朗読.mp3
11 第08章.mp3

12 第08章13-18仮庵祭.mp3
13 第09章1-37罪の告白.mp3
14 第10章1-40誓約.mp3

16 ネヘミヤ記(2)、17 エステル記
01 ネヘ第11章1-36エルサレムおよび他の町と村に住んだ人々.mp3
02 ネヘ第12章1-26帰還した祭司とレビ人の名簿.mp3
03 ネヘ第12章27-47城壁の奉献.mp3
04 ネヘ第13章1-31ネヘミヤの改革.mp3
05 エス第01章1-9クセルクセス王の酒宴.mp3
06 エス第01章10-22王妃ワシュティの退位.mp3
07 エス第02章1-4エステル、王妃に選ばれる.mp3
08 エス第02章5-23モルデカイとエステル.mp3
09 エス第03章1-15ハマンの策略.mp3
10 エス第04章1-17モルデカイ、エステルを説得する.mp3
11 エス第05章1-14エステル、王とハマンを招待する.mp3
12 エス第06章1-14モルデカイ、王から栄誉を受ける.mp3
13 エス第07章1-8章2ハマン、失脚する.mp3
14 エス第08章.mp3
15 エス第08章3-17ユダヤ人迫害、取り消される.mp3
16 エス第09章1-19ユダヤ人の復讐.mp3
17 エス第09章20-32プリムは運命の祭り.mp3

用 語 解 説

　新共同訳聖書の翻訳にあたっては，平易な日本語を使用するように努めたが，聖書特有の用語や表現をまったく用いないことは不可能であるので，それらの用語のうち135語を選んで簡単な解説を加えることにした。以下の解説は，あくまでも読者の理解を助けるための参考となる最小限の説明であって，注解や辞典，あるいは事典に代わるものではない。
　なお，人名，地名等の固有名詞は原則として除外した。下線印は当該項目を参照の意。

　証し（あかし）　証言，証明などの一般的意味のほか，新約では，神の意志またはイエス・キリストについての証言という特別な意味で用いられる（ヨハ1：7，8，15，32，34，5：31以下，使4：33など）。

　贖い（あがない）　旧約では，1）人手に渡った近親者の財産や土地を買い戻すこと，2）身代金を払って奴隷を自由にすること，3）家畜や人間の初子を神にささげる代わりに，いけにえをささげること，などの意味がある。旧約聖書の中で神が特に「贖う方」（イザ41：14）と呼ばれているのは，イスラエルの民を奴隷状態から解放する神の働きを述べたものである。　新約では，キリストの死によって，人間の罪が赦され，神との正しい関係に入ることを指す。

　悪魔（あくま）　「中傷する者」の意味で，人間を誘惑して神に反逆させる者。サタンとかベリアルとかいう名前で呼ばれたり，「この世の神」（2コリ4：4）という別称で呼ばれることもある。なお，天使の項参照。

　悪霊（あくれい）　精神的，肉体的な病気や障害など，人間に災いをもたらす霊。「汚れた霊」（マタ12：43）と同じ意味（マタ8：16，マコ1：32，ルカ11：14，24）。

　アシェラ　カナン宗教の肥沃祭儀において，彫像や木柱の形で礼拝されていた女神で，ある文献によると最高神エルの配偶神。アハブの王妃イゼベルによってフェニキアから導入された（前850年ころ）。預言者エリヤのこれ

18 エス第10章1-3モルデカイの栄誉.mp3
21 第21章.mp3

3ヨブ記(1)
01 第01章1-2章13事の起こり.mp3
02 第02章..mp3
03 第03章1-26ヨブの嘆き.mp3
04 第04章1-14章22ヨブと三人の友の議論 一.mp3
05 第05章.mp3
06 第06章.mp3
07 第07章.mp3
08 第08章.mp3
09 第09章.mp3
10 第10章.mp3
11 第11章.mp3
12 第12章.mp3
13 第13章.mp3
14 第14章.mp3
15 第15章1-21章34ヨブと三人の友の議論 二.mp3
16 第16章.mp3
17 第17章.mp3
18 第18章.mp3
19 第19章.mp3
20 第20章.mp3

18ヨブ記(2)
01 第22章1-27章23ヨブと三人の友の議論 三.mp3
02 第23章.mp3
03 第24章.mp3
04 第25章.mp3
05 第26章.mp3
06 第27章.mp3
07 第28章1-28神の知恵の賛美.mp3
08 第29章1-31章40ヨブの嘆き.mp3
09 第30章.mp3
10 第31章.mp3
11 第32章1-37章24エリフの言葉.mp3
12 第33章.mp3
13 第34章.mp3
14 第35章.mp3
15 第36章.mp3
16 第37章.mp3
17 第38章1-42章6主なる神の言葉.mp3
18 第39章.mp3
19 第40章.mp3
20 第41章.mp3

に対する戦いが有名である（王上18：16以下）。これらの礼拝所は，従来の聖書では「高い所」，新共同訳では聖なる高台と訳されている。

アシュトレト　動植物に生命を与える豊饒，多産，愛，快楽の女神。セム族，特にティルスとシドンの民の間に流布していた（王下23：13）。バアルの配偶神で（士2：13)，堕落した祭儀を伴っていたので，聖書記者から激しく非難されている（王上11：5）。アシュトレトの裸像はパレスチナでも数多く発見されている。この女神は後代のローマのビーナスと同じような性格を持つ。

アーメン　ヘブライ語・アラム語で「真実に」「確かに」などの意味。新約では，ギリシア語に音訳されて用いられた。会話の中で相手に賛同するとき，集会で祈りを唱和するときなどに用いる（申27：15，1コリ14：16）。イエスの言葉の中には「アーメン」あるいは「アーメン，アーメン」で始まる表現が多いが，新共同訳では大体，「はっきり言っておく」（マタ5：18，ヨハ1：51など）と訳した。これは主として弟子たちに対する宣言の場合，特に注意を促す表現であろう。また，ヨハネの黙示録3：14にはイエスの名として用いられている。

アルファとオメガ　ギリシア語アルファベットの最初と最後の文字。ヨハネの黙示録1：8の「わたしはアルファであり，オメガである」という言葉は「わたしは初めであり，終わりである」の意味（黙21：6，22：13参照）。

アレオパゴス　アテネのアクロポリスにある丘の名（使17：22）。そこに町の評議所があったので，この評議所のことを「アレオパゴス」と呼んだ。

安息日　（あんそくび）　週の第7日。太陽暦の金曜日日没から土曜日日没まで，モーセの十戒によって，神を敬うために聖別された休息の日と定められていた（出20：8-11）。イエスの時代には，この日にしてはならない行為が細かく定められており，それを厳格に守ることが律法に忠実なことの証拠とされた。律法学者の中には，たとえば麦の穂を摘むことすら，禁じられた労働とみる者もあった（ルカ6：2）。

イエス　ヘブライ語ヨシュア（イェシュア）のギリシア語訳。「神は救い」という意味（マタ1：21）。

21 第42章.mp3	20 第020編1-10.mp3
22 第42章7-17結び.mp3	21 第021編1-14.mp3
19 詩編(1)	22 第022編1-32.mp3
01 第001編1-6.mp3	23 第023編1-6.mp3
02 第002編1-12.mp3	24 第024編1-10.mp3
03 第003編1-9.mp3	25 第025編1-22アルファベットによる詩.mp3
04 第004編1-9.mp3	26 第026編1-12.mp3
05 第005編1-13.mp3	27 第027編1-14.mp3
06 第006編1-11.mp3	28 第028編1-9.mp3
07 第007編1-18.mp3	29 第029編1-11.mp3
08 第008編1-10.mp3	30 第030編1-13.mp3
09 第009編1-21アルファベットによる詩.mp3	**19 詩編(2)**
10 第010編1-18アルファベットによる詩.mp3	01 第031編1-25.mp3
11 第011編1-7.mp3	02 第032編1-11.mp3
12 第012編1-9.mp3	03 第033編1-22.mp3
13 第013編1-6.mp3	04 第034編1-23アルファベットによる詩.mp3
14 第014編1-7.mp3	05 第035編1-28.mp3
15 第015編1-5.mp3	06 第036編1-13.mp3
16 第016編1-11.mp3	07 第037編1-40アルファベットによる詩.mp3
17 第017編1-15.mp3	08 第038編1-23.mp3
18 第018編1-51.mp3	09 第039編1-14.mp3
19 第019編1-15.mp3	10 第040編1-18.mp3

いけにえ 家畜を殺して神にささげた献げ物。神殿で行われる宗教儀式の中心をなすもので，目的によって使用される動物と方法が異なっていた（献げ物）。

異言（いげん） 一般の人には理解しにくい信仰表白の言葉。コリントの信徒への手紙1の12章，14章によると，異言を語る能力は聖霊によって与えられる「霊的賜物」（カリスマ）の一つである。

いと高き方（いとたかきかた） 「いと高き神（主）」と同様に，神を指すのに用いられた表現（詩21：8など）。神の名をみだりに口にしないために用いられることが多い（ルカ1：32，35，使7：48など）。

異邦人（いほうじん） ユダヤ人以外の人。旧約では「諸国民」「異国の民」「国々」と訳される事がある。新約時代のユダヤ人は，神の約束によって特に選ばれ，そのしるしとして律法を与えられた神の民イスラエルの子孫であることを誇り，他の民族を異邦人と呼んだ。「割礼のない者」「律法を持たない者」なども同様の意味（マタ6：32，使15：5，ロマ2：14）。

インマヌエル 神がご自分の民と共におられるという旧約聖書の信仰を表す（ヘブライ語で「神我らと共に」）。マタイによる福音書1：23は，この語を含むイザヤ書7：14を引用して，イエスをインマヌエルと呼ぶ。

ウリムとトンミム 神意を問うために祭司が使っていた道具と思われるが，形状は明らかではない。大祭司は盛装するとき，その二つを胸当ての中に入れていた（出28：30）。なおウリムだけ単独に記される個所もある（民27：21など）。

永遠の命（えいえんのいのち） 聖書の教えによると，キリスト者は，身体的な命とは区別される「キリスト・イエスにある新しい命」（ロマ6：4，8：2）を受ける。これが「永遠の命」と呼ばれるもので（ヨハ3：15，16），復活されたキリスト自身の命である（ロマ8：10，11，1コリ15：45）。キリスト者は，この世に生きているときすでにこの命を持っているが（ヨハ5：24），決定的にそれに生きるのは，肉体の復活が行われる「終わりの日」を迎えるときである（ヨハ6：40，54）。

エフォド 正確に何を指すかについては諸説があるが，幾つかの異なる物

11	第041編1-14.mp3	08	第062編1-13.mp3
12	第042編1-12.mp3	09	第063編1-12.mp3
13	第043編1-5.mp3	10	第064編1-11.mp3
14	第044編1-27.mp3	11	第065編1-14.mp3
15	第045編1-18.mp3	12	第066編1-20.mp3
16	第046編1-12.mp3	13	第067編1-8.mp3
17	第047編1-10.mp3	14	第068編1-36.mp3
18	第048編1-15.mp3	15	第069編1-37.mp3
19	第049編1-21.mp3	16	第070編1-6.mp3
20	第050編1-23.mp3	17	第071編1-24.mp3
21	第051編1-21.mp3	18	第072編1-20.mp3
22	第052編1-11.mp3	19	第073編1-28.mp3
23	第053編1-7.mp3	20	第074編1-23.mp3
24	第054編1-9.mp3	21	第075編1-11.mp3
詩編(3)		22	第076編1-13.mp3
01	第055編1-24.mp3	**19詩編(4)**	
02	第056編1-14.mp3	01	第077編1-21.mp3
03	第057編1-12.mp3	02	第078編1-72.mp3
04	第058編1-12.mp3	03	第079編1-13.mp3
05	第059編1-18.mp3	04	第080編1-20.mp3
06	第060編1-14.mp3	05	第081編1-17.mp3
07	第061編1-9.mp3	06	第082編1-8.mp3

を指すと思われる。
(1) 大祭司が着用する祭儀用の華麗な衣服（出28：4以下，39：2）。
(2) 祭儀の間に祭司たちが着用する亜麻布の簡単な衣服（サム上2：18）。
(3) 神意を伺うための道具（サム上23：9-12）。
(4) 神像（士8：27 など）。

重い皮膚病（おもいひふびょう） 旧約聖書のヘブライ語「ツァラアト」，新約聖書のギリシア語「レプラ」の訳語。七十人訳ギリシア語聖書が「ツァラアト」を「レプラ」と訳し，新約聖書は「レプラ」を踏襲している。「ツァラアト」はその語源も意味も明らかでない。「ツァラアト」は祭儀的な汚れという観点から人や物について書かれている。人について用いられている場合には，何らかの皮膚の疾患を指すが，病理学的にはいかなる病気であったか明瞭ではない。レビ記13～14章に詳しい記述がある。「レプラ」も同じく祭儀的な汚れの意味で用いられ，その病の人々をイエスが癒されたことが，奇跡的な出来事として記されている（マコ1：40-45，ルカ17：11-19）。

終わりの時（おわりのとき） 旧約では，神が決定的にイスラエルの回復を図るメシア時代を指す（ミカ4：1，ダニ8：17）。新約聖書は，預言者たちが予告したこの時がイエスによって到来したことを告知するとともに（1コリ10：11，ヘブ1：2），「終わりの時」の完成が「世の終わり」に行われることを予告している（ヨハ6：44）。世の終わりの日はとくに「裁きの日」「かの日」「主の日」と呼ばれている（マタ7：22，2テサ2：2）。

改宗者（かいしゅうしゃ） 新約では，一つの宗教から他の宗教に移るという一般的な意味ではなく，ユダヤ教に改宗した異邦人を指す（マタ23：15，使2：11，13：43）。改宗して割礼を受けるまでには至らないが，ユダヤ教を信仰している人は「神を畏れる者」と呼ばれている（使13：16，26）。

会堂（かいどう） ユダヤ人の集会の場所。シナゴグ。安息日には祈りと聖書の朗読，説教などを中心とした礼拝が行われた。また，子供たちに律法を教える学校，あるいは地域のユダヤ人社会の裁判所としても使用された（マタ4：23，10：17，使9：2，15：21）。

会堂長（かいどうちょう） 会堂の礼拝をつかさどり，建物や施設の管理をする職務を持つ人（マコ5：22，ルカ13：14，使18：8）。

07 第083編1-19.mp3	04 第104編1-35.mp3
08 第084編1-13.mp3	05 第105編1-45.mp3
09 第085編1-14.mp3	06 第106編1-48.mp3
10 第086編1-17.mp3	07 第107編1-43.mp3
11 第087編1-7.mp3	08 第108編1-14.mp3
12 第088編1-19.mp3	09 第109編1-31.mp3
13 第089編1-53.mp3	10 第110編1-7.mp3
14 第090編1-17.mp3	11 第111編1-10アルファベットによる詩.mp3
15 第091編1-16.mp3	12 第112編1-10アルファベットによる詩.mp3
16 第092編1-16.mp3	13 第113編1-9.mp3
17 第093編1-5.mp3	14 第114編1-8.mp3
18 第094編1-23.mp3	15 第115編1-18.mp3
19 第095編1-11.mp3	16 第116編1-19.mp3
20 第096編1-13.mp3	17 第117編1-2.mp3
21 第097編1-12.mp3	18 第118編1-29.mp3
22 第098編1-9.mp3	19 第119編1-104アルファベットによる詩.mp3
23 第099編1-9.mp3	
24 第100編1-5.mp3	**19詩編(6)**
19詩編(5)	01 第119編105-176.mp3
01 第101編1-8.mp3	02 第120編1-7.mp3
02 第102編1-29.mp3	03 第121編1-8.mp3
03 第103編1-22.mp3	04 第122編1-9.mp3
	05 第123編1-4.mp3

割礼（かつれい）　男子の性器の包皮を切り取ること。古代オリエント諸民族の風習。イスラエル民族は，神がアブラハムとその子孫を神の民とする約束のしるしとして，割礼を命じたと信じた（創17：9-14）。新約時代には，ユダヤ人男子は生後8日目に割礼を受けた（ルカ2：21，フィリ3：5）。割礼は，ユダヤ教共同体の一員である印という重要な宗教的意味を持っていた。しかし，パウロは新しい意味でのイスラエルであるキリスト教会にとっては，割礼は必要な条件ではないと主張した（ロマ3：28〜4：12，ガラ5：2-6参照）。

神の国（かみのくに）　マタイによる福音書では，多くの場合「天の国」。場所や領土の意味ではなく，神が王として恵みと力とをもって支配されること。イエスが来られたことによって，既に始まっているが，やがて完全に実現する新しい秩序（マコ1：15，9：1，ルカ17：20，21：31）。

神の子（かみのこ）　旧約では，イスラエル全体を神の子と呼ぶ例もある（出4：22など）が，イスラエルを治める王の称号としても用いられた（詩2：7参照）。新約では「メシア」「人の子」などとともにイエスに対する称号として用いられており（マコ1：1，15：39），イエスと父である神との特殊な関係を指す。これにあずかることによって，キリスト教徒も神の子となる（ロマ8：14-16）。

神の聖者（かみのせいじゃ）　マルコによる福音書1：24（ルカ4：34），ヨハネによる福音書6：69ではキリストの称号として用いられている。

神の霊（かみのれい）　「霊」はヘブライ語およびギリシア語で，「風」（ヨハ3：8a，ヘブ1：7），あるいは「息」（2テサ2：8）と同じ言葉。生命の証拠としての「息」（マタ27：50，ルカ8：55），肉体と区別された精神という意味の「霊」（1コリ5：3）などの用法がある。このように，霊は，生命そのもの，あるいは精神的存在としての人間をも意味する。しかし，本来はあくまで神から出て人間に与えられるものである（イザ42：5）。神の霊は世界を造り（創1：2，詩33：6），人間に命を通じ（創2：7），戦いにおいては勝利（士14：6）を，行政においては英知（民11：17，25-29）をお与えになる。とくに預言者に働きかけて神のことばを伝え（エゼ2：2），新しい人間を再創造される（エゼ36：26）。イエスも神のこの霊の塗油を受け（ルカ4：18，イザ61：1），宣教活動を開始された。パウロやヨハネにおいては，「肉」と対比して用いられ，神の霊によって，新たに生まれた人間を指して「霊の

06 第124編1-8.mp3
07 第125編1-5.mp3
08 第126編1-6.mp3
09 第127編1-5.mp3
10 第128編1-6.mp3
11 第129編1-8.mp3
12 第130編1-8.mp3
13 第131編1-3.mp3
14 第132編1-18.mp3
15 第133編1-3.mp3
16 第134編1-3.mp3
17 第135編1-21.mp3
18 第136編1-26.mp3
19 第137編1-9.mp3
20 第138編1-8.mp3
21 第139編1-24.mp3
22 第140編1-14.mp3
23 第141編1-10.mp3
24 第142編1-8.mp3
25 第143編1-12.mp3
26 第144編1-15.mp3
27 第145編1-21アルファベットによる詩.mp3
28 第146編1-10.mp3
29 第147編1-20.mp3
30 第148編1-14.mp3
31 第149編1-9.mp3
32 第150編1-6.mp3

20箴言(1)

01 第01章1-7序.mp3
02 第01章8-19父の諭し（一）.mp3
03 第01章20-33知恵の勧め（一）.mp3
04 第02章1-22父の諭し（二）.mp3
05 第03章1-12父の諭し（三）.mp3
06 第03章13-20知恵の勧め（二）.mp3
07 第03章21-35父の諭し（四）.mp3
08 第04章1-27父の諭し（五）.mp3
09 第05章1-23父の諭し（六）.mp3
10 第06章1-5父の諭し（七）.mp3
11 第06章6-19格言集（一）.mp3
12 第06章20-35父の諭し（八）.mp3
13 第07章1-27父の諭し（九）.mp3
14 第08章1-36知恵の勧め（三）.mp3
15 第09章1-6知恵の勧め（四）.mp3
16 第09章7-12格言集（二）.mp3

人」と呼ぶこともある（1コリ3：1-3, ヨハ3：6）。「聖霊」の項を参照。

仮庵祭（かりいおさい） ユダヤ教の三大祭りの一つ。ティシュリの月の15日から7日間（太陽暦の10月初旬ごろ）行われる。後代には8日間に延長された。イスラエルの民が荒れ野で天幕に住んだことを記念し、仮庵を作って祭りの間そこに仮住まいをしたことに由来する名称。秋の果実の収穫祭でもあった（レビ23：34以下, ヨハ7：2）。イエスの時代には、仮庵祭の期間中、毎日シロアムの池の水を黄金の器にくんで神殿に運び、朝夕の供え物とともに祭壇に注ぐ行事が行われた。ヨハネによる福音書7：37, 38はこの「水」に関係がある。

刈り入れの祭り（かりいれのまつり） ユダヤ教の三大祭りの一つ。「主の過越祭」（新約：過越祭）から数えて7週間、すなわち五十日目に祝われていた小麦の刈り入れの祭り（出23：16）、「七週祭」ともいわれた。しかし、後代になると、モーセがシナイ山において神から律法を授けられたことも合わせて記念されるようになった。ギリシア語では「五十」を意味する「ペンテコステ」（新共同訳では五旬祭）と呼ばれ、この日に使徒たちの上に聖霊が降った（使2：1以下）。

義（ぎ） 神の属性、また人間に対するかかわりの特徴を表わす概念。「神が義である」とは、神がその聖である本性や自分の立てた約束に誠実であり、誤謬を犯したり、法を破ったりすることはありえないという意味（申32：4, 詩119：137参照）。「神の義」は、人間とのかかわりで、不正や罪の裁きと罰における神の正しさ・公平、場合によっては救い・助け・憐れみ・勝利・繁栄などの意味を含む（士5：11, サム上12：5, エレ9：24, ヨブ36：2以下参照）。新約聖書では、神が人間にお求めになるふさわしい生き方、神の裁きの基準を意味することが多い（マタ5：20, 6：33, 1ヨハ3：10, ヤコ1：20参照）。特にパウロ書簡では、「人間を救う神の働き」、その結果である「神と人間との正しい関係」を意味するが、キリストによる贖いと必然的に関連し、人間が義とされるとは、神の前で正しい者とされることであり、「救われる」とほとんど同義である（ロマ3：21-26参照）。

議員（ぎいん） 最高法院の議員（マコ15：43, 使4：5, 8）。

奇跡（きせき） 「奇跡」「しるし」「不思議な業」、この三つの言葉は同様の意味で、しばしば一緒に用いられている。いずれも、人間の理解を超え

17 第09章13-18愚かな女.mp3
  18 第10章.mp3
  19 第11章.mp3
  20 第12章.mp3
  21 第13章.mp3
  22 第14章.mp3
  23 第15章.mp3
  24 第16章.mp3

20 箴言(2)
  01 第17章.mp3
  02 第18章.mp3
  03 第19章.mp3
  04 第20章.mp3
  05 第21章.mp3
  06 第22章.mp3
  07 第22章17-24章22賢人の言葉(一).mp3
  08 第23章.mp3
  09 第24章.mp3
  10 第24章23-34賢人の言葉(二).mp3
  11 第25章1-29章27ソロモンの箴言(補遺).mp3
  12 第26章.mp3

  13 第27章.mp3
  14 第28章.mp3
  15 第29章.mp3
  16 第30章1-33アグルの言葉.mp3
  17 第31章1-9レムエルの言葉.mp3
  18 第31章10-31有能な妻(アルファベットによる詩).mp3

21 コヘレトの言葉、22 雅歌
  01 コへ第01章.mp3
  02 コへ第02章.mp3
  03 コへ第03章.mp3
  04 コへ第04章.mp3
  05 コへ第05章.mp3
  06 コへ第06章.mp3
  07 コへ第07章.mp3
  08 コへ第08章.mp3
  09 コへ第09章.mp3
  10 コへ第10章.mp3
  11 コへ第11章.mp3
  12 コへ第12章.mp3
  13 雅歌01章.mp3

る，驚くべきことであるが，神の力とその支配を示すしるしを意味する（詩78：43，105：5，ヨハ4：48，使2：22，2コリ12：12）。

兄弟（きょうだい）　家族や親族，同国人など普通の意味で使われる場合もあるが（詩22：23，122：8，マタ4：18，7：3，ロマ9：3），新約聖書における最も多い用法は，キリストを信じる者が互いに兄弟（婦人は姉妹）と呼び合って，共同体（教会）の中の深い人格的な結び付きを表現する場合である（ロマ1：13）。

共同体（きょうどうたい）　ヘブライ語 ʻēdāh（エダー）の訳語で，政治，宗教的集団としてのイスラエルを構成する成人男子の公的集会を指す。これに対して，祭儀執行の場に集合した人々を指す qāhāl（カーハール）は，本訳では「会衆」という訳語が当てられている。しかしながら，この両語は聖書でも厳密に区別して使用されているわけではない。なお前者のギリシア語訳には「シナゴゲー」（集い。集いの場所である会堂もシナゴゲー，英語風に発音すればシナゴグと呼ばれている），後者には「エクレーシア」（新約ではおもに「教会」を指す）という訳語が当てられている。

清めの期間（きよめのきかん）　律法によれば，死体に触れて汚れた場合などに，一定の期間は神聖なものに接触してはならないと定められていた（民19章，12章，15章など）。ルカによる福音書2：22のように，婦人が男子を出産した場合，7日間は汚れた者と考えられ，33日間を清めの期間として守った後，初めて神殿に供え物をすることになっていた（レビ12：2-8参照）。使徒言行録21：26の場合は，ナジル人の誓願を立てた者の清めであろう（民6：9-21参照）。

キリスト　ヘブライ語のメシア（油を注がれた者）のギリシア語訳。神が選んだ救い主の称号。イエスこそ「キリスト」であるという信仰から，イエスの呼び名となった。

契約（けいやく）　この語は旧約聖書だけでも280回以上も使用され，イスラエルの宗教思想の軸となると同時に，旧約と新約とを結ぶ重要な橋渡しともなっている。そもそも「新約」とは，モーセを通して結ばれた神との契約に代わる「新しい契約」という意味だからである。古代オリエント世界においては，二つの民族，もしくは，二人の人間を最も固く結び付け，円満な関係を持たせるものが契約であると考えられていた。聖書は，人間どうしの

14 雅第01章2-4おとめの歌.mp3
15 雅第01章4おとめたちの歌.mp3
16 雅第01章5-7おとめの歌.mp3
17 雅第01章8おとめたちの歌.mp3
18 雅第01章9-11若者の歌.mp3
19 雅第01章12-14おとめの歌.mp3
20 雅第01章15若者の歌.mp3
21 雅第01章16-2章1おとめの歌.mp3
22 雅第02章.mp3
23 雅第02章2若者の歌.mp3
24 雅第02章3-3章5おとめの歌.mp3
25 雅第03章.mp3
26 雅第03章6合唱(一).mp3
27 雅第03章7-11合唱(二)..mp3
28 雅第04章1-15若者の歌.mp3
29 雅第04章16おとめの歌.mp3
30 雅第05章1若者の歌.mp3
31 雅第05章2-8おとめの歌.mp3
32 雅第05章9おとめたちの歌.mp3
33 雅第05章10-16おとめの歌.mp3
34 雅第06章1おとめたちの歌.mp3

35 雅第06章2-3おとめの歌.mp3
36 雅第06章4-9若者の歌.mp3
37 雅第06章10合唱.mp3
38 雅第06章11-12おとめの歌.mp3
39 雅第07章1合唱.mp3
40 雅第07章2-10若者の歌.mp3
41 雅第07章10-8章4おとめの歌.mp3
42 雅第08章.mp3
43 雅第08章5合唱.mp3
44 雅第08章5-6おとめの歌.mp3
45 雅第08章6-7合唱(一).mp3
46 雅第08章8-9合唱(二).mp3
47 雅第08章10おとめの歌.mp3
48 雅第08章11-12合唱(三).mp3
49 雅第08章13若者の歌.mp3
50 雅第08章14おとめの歌.mp3

23イザヤ書(1)
01 第01章1.mp3
02 第01章2-20ユダの審判.mp3
03 第01章21-31シオンの審判と救い.mp3

契約について度々言及しているが（創21：25以下など），それ以上に，人間を神のものとするために神が全く自由に結ばれた契約について語っている（創9：8以下，17：1以下）。その中で最も基本的なものは，シナイ山のふもとで結ばれた「シナイ契約」（出19章，24章）とダビデ王朝の永遠性を約束した「ダビデ契約」（サム下7章）である。しかし民が契約の条項（十戒）を守らなかったので，神は「新しい契約」（エレ31：31-34）を結んで，人間との関係を正し，完成することを約束された。この約束がイエスの死によって実現され（マコ14：24，ヘブ9：15），新しい契約（新約）の時代が始まったのである。

契約の箱　（けいやくのはこ）　神はイスラエルと契約を結ばれたが，そのしるしである十戒を刻んだ2枚の石の板を納めた箱（申10：1-5）。純金で覆われた木製の箱であったといわれる。ソロモンが神殿を建てたとき，この箱を至聖所に納めた記録があるが，ネブカドネツァルのバビロン軍が神殿を取り壊した後は所在不明（王上8：1，ヘブ9：4，黙11：19）。

ケルビム　旧約には，ヘブライ語で単数「ケルブ」，複数「ケルビム」の両方の形が記されているが，新約ではヘブライ人への手紙9：5に1回だけ，ギリシア語音訳で「ケルビン」（アラム語形語尾）とある。人間の顔を持ち，翼を持った天的な動物と想像され，創世記3：24では楽園の番人，詩編では神の乗り物（詩18：11）と見なされている。神殿の至聖所には，契約の箱の上に一対のケルビム像が置かれていた（王上6：23以下）。ここからして神は「ケルビムの上に座する者」と呼ばれている（詩80：2）。イザヤ6：2以下に登場するセラフィムも同じく天的な存在と考えられている。なお新共同訳では，単数形の場合も複数形の場合も，原則として「ケルビム」という訳語を用いた。

ゴグ−マゴグ　黙示文学に登場する人名（あるいは地名）。旧約のエゼキエル書では「ゴグ」は「メセクとトバルの総首長」で，「マゴグ」（地名）から出陣して主なる神に敵対するが，やがて滅ぼされる（エゼ38章以下参照）。新約ではゴグもマゴグも，終わりの時にサタンの手下となって戦う諸国民の名（黙20：8）。

五旬祭　（ごじゅんさい）　ユダヤ教の三大祭りの一つ。麦の収穫を祝う祭りであったが，同時にモーセがシナイ山において神から律法を授けられた記念の祝祭でもあった。過越祭の安息日の翌日から数えて50日目に当たるの

04 第02章1-5終末の平和.mp3
05 第02章6-22高ぶる者に対する審判.mp3
06 第03章1-4章1エルサレムとユダの審判.mp3
07 第04章.mp3
08 第04章2-6エルサレムの将来の栄光.mp3
09 第05章1-7ぶどう畑の歌.mp3
10 第05章8-24富める者の横暴.mp3
11 第05章25-30遠くからの敵.mp3
12 第06章1-13イザヤの召命.mp3
13 第07章1-17インマヌエル預言.mp3
14 第07章18-25大いなる荒廃.mp3
15 第08章1-4速やかな略奪.mp3
16 第08章5-15神のみを畏れよ.mp3
17 第08章16-23主を待ち望め.mp3
18 第08章23-9章6ダビデの位.mp3
19 第09章.mp3
20 第09章7-10章4北イスラエルの審判.mp3
21 第10章.mp3
22 第10章5-19アッシリアの傲慢.mp3
23 第10章20-23残りの者の帰還.mp3
24 第10章24-27アッシリアを恐れるな.mp3
25 第10章27-34敵の攻撃.mp3
26 第11章1-10平和の王.mp3
27 第11章11-16帰還と救い.mp3
28 第12章1-6救いの感謝.mp3
29 第13章1-22バビロンの審判.mp3
30 第14章1-2イスラエルの回復.mp3
31 第14章3-23バビロンの滅亡.mp3
32 第14章24-27アッシリアの軛.mp3
33 第14章28-32ペリシテに対する警告.mp3

23イザヤ書(2)
01 第15章1-16章14モアブの破滅.mp3
02 第16章.mp3
03 第17章1-11ダマスコとエフライムの運命.mp3
04 第17章12-14諸国民のどよめき.mp3
05 第18章1-7クシュとの陰謀.mp3
06 第19章1-15エジプトの審判.mp3
07 第19章16-25終わりの日の和解.mp3
08 第20章1-6アシュドドの占領.mp3
09 第21章1-10バビロンの陥落.mp3
10 第21章11-17エドムについての預言.mp3
11 第22章1-14いやし難いエルサレムの罪.mp3
12 第22章15-25シェブナの罷免.mp3
13 第23章1-18ティルスの審判.mp3

で（レビ23：5-8, 11, 15, 16, 21参照）この名で呼ばれた。ギリシア語で「ペンテコステ」（五十の意）。旧約では「週の祭り」あるいは、「七週祭」と呼ばれる。

コヘレト　コヘレトは「集会を召集する者」、あるいは「集会の中で語る者」を意味する単語で、伝統的には「伝道者」と訳されることが多く、「コヘレトの言葉」は、これまでの日本語の聖書では「伝道の書」とか「伝道者の書」と呼ばれてきた。しかし「コヘレトの言葉」の内容はむしろ伝統的信仰を問い直そうとする性格が強く、従来の表題は内容を適切に表しているとは思われない。　最近ではコヘレトを固有名詞として扱うことが一般化しており、その結果「コヘレトの言葉」という表題が選ばれた。

コルバン　ヘブライ語で神にささげた献げ物を意味する。旧約では，レビ記1：2，民数記5：15など数十回用いられているが、新約では、マルコによる福音書7：11にギリシア語音訳の形で記され、「つまり神への供え物です」という説明が付けられている。

最高法院（さいこうほういん）　ユダヤ人の自治機関。イエスの時代には、大祭司を議長とする71人の議員で構成され、行政と司法の権限を持つ会議であった。ユダヤ教の律法に関する最高法廷として、死刑を含む判決を下す権限を持っていたが、最終的にはローマ総督の裁断を仰がなければならなかった（マタ26：57～27：26，使5：17-42，22：30～23：35）。

祭司（さいし）　神と人との仲介者，すなわち人々のために人々に代わって神に礼拝と供え物をささげ、祭儀をつかさどる人。旧約では、レビ人がその任についた。新約では、エルサレム神殿の宗教儀式をつかさどる聖職者とその家系を指す。

祭司長（さいしちょう）　祭司の頭（かしら）。元来、祭司の最高の職位である大祭司はただ一人で、終身の世襲制であったが、イエスの時代には権力者の意志で、生きているうちに退位させられたこともある。新約で複数の祭司長（たち）とあるのは、このためであろう。つまり、現職の大祭司のほか、かつて大祭司の職にあった者を含む。他の説では、大祭司がその中から選ばれるおもだった祭司の家系に属する人々を指したというが、詳細は不明。

献げ物（ささげもの）　神を礼拝するときにささげる動物の犠牲や穀物な

14 第24章1-23神の世界審判.mp3
15 第25章1-10神の驚くべき御業.mp3
16 第25章10-12モアブの滅亡.mp3
17 第26章1-6勝利の歌.mp3
18 第26章7-19復活を求める祈り.mp3
19 第26章20-27章1主の審判.mp3
20 第27章.mp3
21 第27章2-9主のぶどう畑.mp3
22 第27章10-11都の破滅.mp3
23 第27章12-13イスラエルの回復.mp3
24 第28章1-6サマリアの陥落.mp3
25 第28章7-13酒に酔った祭司と預言者.mp3
26 第28章14-22シオンの隅の石.mp3
27 第28章23-29農夫の知恵.mp3
28 第29章1-8エルサレムの攻撃と救い.mp3
29 第29章9-16酔いしれる指導者.mp3
30 第29章17-24イスラエルの回復.mp3

3イザヤ書(3)
01 第30章1-7エジプトとの同盟.mp3
02 第30章8-17背信の記録.mp3
03 第30章18-26救いのとき.mp3
04 第30章27-33アッシリアに対する審判.mp3
05 第31章1-9エジプトに頼るな.mp3
06 第32章1-8正しい王の支配.mp3
07 第32章9-14憂いなき女たち.mp3
08 第32章15-20神の霊の働き.mp3
09 第33章1-6救いを求める祈り.mp3
10 第33章7-16正しい者を守られる神.mp3
11 第33章17-24主は我らの王.mp3
12 第34章1-17エドムの審判.mp3
13 第35章1-10栄光の回復.mp3
14 第36章1-37章38センナケリブの攻撃.mp3
15 第37章.mp3
16 第38章1-22ヒゼキヤの病気.mp3
17 第39章1-8バビロンからの見舞客.mp3
18 第40章1-11帰還の約束.mp3
19 第40章12-31創造と贖いの神.mp3
20 第41章1-29諸国民の審判.mp3

23イザヤ書(4)
01 第42章1-9主の僕の召命.mp3
02 第42章10-17神の勝利.mp3
03 第42章18-43章7捕囚の解放.mp3
04 第43章.mp3
05 第43章8-44章8イスラエルの贖い.mp3

どの供え物を指す。詳しい規定はレビ記1〜7章に記されている。動物の犠牲の中でまず牛，羊，山羊などを全部焼いてささげる「焼き尽くす献げ物」がある。次に，献げ物の肉の一部を奉献者やその家族が会食する「和解の献げ物」や，罪科によって破られた神との契約の関係を正す「賠償の献げ物」などがある。穀物の献げ物には，初穂，パン，麦粉の菓子，ぶどう酒，油，香などが当てられていた。イスラエルの民は，これらの「献げ物」を供えることによって神を礼拝するとともに，神の聖性に対する鋭い感覚を養い，罪の清めを祈求し，神と交わることの喜びを学んだ。しかしながら外面的儀式を重視するあまり，内的心構え（回心，礼拝の心など）を軽視する危険にもさらされていたので，預言者たちがそのことを厳しく指摘した（イザ1：11-17，詩50：7-23など）。

なお，新共同訳におけるこの種の訳語に対応する従来の聖書の訳語を，それぞれ括弧内に示せば，次のとおりである。

　　　焼き尽くす献げ物（燔祭，はんさい）
　　　和解の献げ物（酬恩祭，しゅうおんさい）
　　　贖罪の献げ物（罪祭，ざいさい）
　　　賠償の献げ物（愆祭，けんさい）
　　　穀物の献げ物（素祭，そさい）
　　　ぶどう酒の献げ物（灌祭，かんさい）
　　　随意の献げ物（自発の献げ物）

サタン　悪魔と同じ意味。元の意味は「中傷する者」「訴える者」。旧約では，人間の罪を神に告発する者といった意味の普通名詞であったが（ヨブ1：6），後に悪魔の名となった。

サドカイ派（サドカイは）　ファリサイ派とともにイエス時代のユダヤ教の2大勢力の一つで，祭司や上流階級を代表していた（マタ3：7，16：1）。律法の解釈や生活の実践の面でファリサイ派と対立した。使徒言行録23：8によれば，霊や天使や復活を否定したといわれる。サドカイの名は，ダビデ時代の大祭司ツァドクの子孫という意味だという説と，「正しい」という言葉に由来するという説とがある。

サマリア人（サマリアじん）　ユダヤ教に対抗して特別な教派を形成していた，サマリア地方の人々を指す。紀元前721年アッシリアの王サルゴン2世のサマリア攻略後，アッシリアの各地から集められた人々がサマリアに移住し，自分たちの宗教とユダヤ教とを混ぜ合わせたものを信じた（王下17：

06 第44章.mp3
07 第44章9-20無力な偶像.mp3
08 第44章21-23イスラエルの贖い.mp3
09 第44章24-45章13キュロスによる解放.mp3
10 第45章.mp3
11 第45章14-25諸国民の受ける恥.mp3
12 第46章1-13バビロンの偶像.mp3
13 第47章1-15バビロンの陥落.mp3
14 第48章1-22預言の成就.mp3
15 第49章1-9主の僕の使命.mp3
16 第49章9-50章3シオンの回復.mp3
17 第50章.mp3
18 第50章4-11主の僕の忍耐.mp3
19 第51章1-16シオンへの帰還.mp3
20 第51章17-23憤りの杯.mp3
21 第52章1-12主は王となられた.mp3
22 第52章13-53章12主の僕の苦難と死.mp3
23 第53章.mp3

23 イザヤ書(5)
01 第54章1-17新しい祝福.mp3
02 第55章1-13御言葉の力.mp3
03 第56章1-8異邦人の救い.mp3

04 第56章9-57章13神を畏れぬ者.mp3
05 第57章.mp3
06 第57章14-21へりくだる者の祝福.mp3
07 第58章1-14神に従う道.mp3
08 第59章1-21救いを妨げるもの.mp3
09 第60章1-22栄光と救いの到来.mp3
10 第61章1-11貧しい者への福音.mp3
11 第62章1-12シオンの救い.mp3
12 第63章1-6主の報復.mp3
13 第63章7-64章11執り成しと嘆き.mp3
14 第64章.mp3
15 第65章1-25救いの約束.mp3
16 第66章1-24栄光の顕現.mp3

■CD 4　24エレミヤ書(1)〜39マラキ書

24 エレミヤ書(1)
01 第01章1-3.mp3
02 第01章4-19エレミヤの召命.mp3
03 第02章1-37イスラエルの罪.mp3
04 第03章1-13悔い改めの呼びかけ.mp3
05 第03章14-18シオンへの帰還.mp3
06 第03章19-4章1悔い改めへの招き.mp3

24-34）。そのことからユダヤ人はサマリア人を正統信仰から離れたものと見なし（ヨハ8：48参照），交わりを絶っていた（ヨハ4：9）。福音書にもしばしば現れ（ヨハ4：39-42，ルカ9：52，53，10：33，17：16），使徒言行録の中では彼らがイエスの福音を受け入れた様が語られている（使8：5-25）。

シオン　　本来はエルサレムの東南部の丘の名であるが，後には神殿あるいはエルサレム全体を指す名称となった。また，神の都エルサレムおよびその住民という意味もあった（マタ21：5，ヨハ12：15，ヘブ12：22，黙14：1）。旧約では「シオンに住まわれる神」に対する愛情が表されており（詩48：3など），エルサレムの住民は「シオンの娘」と呼ばれることもある（イザ3：16）。

嗣業（しぎょう）　　本来は「賜物」を意味し，資産，相続財産，特に相続地を指す。神はカナンの地をアブラハムとその子孫に与えると約束し，それを果たしたので（創15：18-21），土地は個人の所有物ではなく，神の所有地として家に属するものとなった。こうしてイスラエルでは，相続やその確保について詳しい規定が設けられた（民27：1-11）。嗣業の概念は更に発展して，イスラエルの民自身が「神の嗣業」として神のものとなり（申32：9），一方，神御自身がその民の嗣業（ゆずり）となると考えられるようになった（詩16：5，6）。新約では，地上の事物ではなく，「神の国そのものを受け継ぐ」ことが神の最大の祝福と見なされている（マタ25：34）。

士師（しし）　　本来は「裁く」という動詞の分詞形であるが，「士師」と訳される場合は，イスラエルの歴史において，カナン占領から王国設立までの期間，神によって起こされ，イスラエル人たちを敵の圧迫から解放する軍事的，政治的指導者を指す。士師記には12人の名が挙げられている。

至聖所（しせいじょ）　　「聖の聖」，つまり最も神聖な場所の意味で，神殿の一番奥の間を指す。そこには，2体のケルビムの像と契約の箱とが置かれていた（出25：18-22，王上6：23-28）。聖所との間は幕で仕切られており，大祭司が年に一度贖罪日に入るほかは，だれも入ることが許されない場所（レビ16章，ヘブ9：7）。

自然の人（しぜんのひと）　　パウロの手紙の中では，「肉」あるいは「肉の人」（1コリ3：3）と同じ意味に使われる。生まれながらの人間は，罪に支配されていて，神との正しい関係を持つことができない（1コリ2：14）。

07 第04章.mp3
08 第04章5-31北からの敵.mp3
09 第05章1-31エルサレムの堕落.mp3
10 第06章1-30エルサレムの攻城.mp3
11 第07章1-8章3神殿での預言.mp3
12 第08章.mp3
13 第08章4-13民の背信.mp3
14 第08章14-23敵の攻撃.mp3
15 第09章1-25ユダの堕落.mp3
16 第10章1-25偶像とまことの神.mp3

4エレミヤ書(2)
01 第11章1-17破られた契約.mp3
02 第11章18-12章6エレミヤの訴え.mp3
03 第12章.mp3
04 第12章7-17主の嗣業.mp3
05 第13章1-17麻の帯とぶどう酒のかめ.mp3
06 第13章18-22王と太后.mp3
07 第13章23-27罪の深さ.mp3
08 第14章1-15章9干ばつの災い.mp3
09 第15章.mp3
10 第15章10-21エレミヤの苦しみと神の支え.mp3
11 第16章1-13預言者の孤独.mp3

12 第16章14-21新しい出エジプト.mp3
13 第17章1-4ユダの罪と罰.mp3
14 第17章5-8主に信頼する人.mp3
15 第17章9-13人間の心を知り尽くす神.mp3
16 第17章14-18エレミヤの嘆き.mp3
17 第17章19-27安息日の順守.mp3
18 第18章1-17陶工の手中にある粘土.mp3
19 第18章18-23エレミヤに対する計略.mp3
20 第19章1-20章6砕かれた壺.mp3
21 第20章.mp3
22 第20章7-18エレミヤの告白.mp3
23 第21章1-14命の道と死の道.mp3
24 第22章1-30ユダの王に対する言葉.mp3

24エレミヤ書(3)
01 第23章1-8ユダの回復.mp3
02 第23章9-40預言者に対する言葉.mp3
03 第24章1-10良いいちじくと悪いいちじく.mp3
04 第25章1-38神の僕ネブカドレツァル.mp3
05 第26章1-19神殿におけるエレミヤの説教.mp3
06 第26章20-24預言者ウリヤの死.mp3
07 第27章1-22軛の預言.mp3
08 第28章1-17ハナンヤとの対決.mp3

「神の霊」の項参照。

十戒（じっかい）　原語では「十のことば」、通常「（モーセの）十戒」と呼ばれている。　イスラエルの宗教生活の根底となっていたシナイ契約の条項で、神、他人に対する義務を規定している。しかし単に禁令を並べたものではなく、その底には、エジプトからイスラエルの民を導き出した神の選びの愛が流れている。　イスラエルは、その愛にこたえてその条項を守ることによって神の民となるのである。　預言者は繰り返しこのことを力説し（ホセ4章など）、イエスは山上の説教の中で十戒を含む律法についての新しい解釈を示しておられる（マタ5：17以下）。十戒の本文は出エジプト記20章と申命記5章に記載されている。

使徒（しと）　イエスが弟子の中からお選びになった「十二人」。イエスの復活の後は、教会の最高の職位として宣教の責任を持つ者を意味した。本来の語義は「使者」（マタ10：2、ルカ6：13、1コリ1：1、15：7-11、エフェ4：11）。

「柴」の個所（しばのかしょ）　出エジプト記3章の、神が燃える柴の中からモーセに語られた記事を指す（マコ12：26、ルカ20：37）。

主（しゅ）　旧約聖書中、イスラエルの神は種々の名称で呼ばれており、そのうち最も多いのがいわゆる神聖四文字 YHWH（6500回以上）である。この語の正確な読み方は分からないが一般にヤーウェまたヤハウェ（文語訳ではエホバ）と表記されている。この神名は人名の末尾に「ヤー」という短い形で付加されることが多い（「イザヤ、エレミヤ」など）。「YHWH」という名前の意味について聖書には様々な暗示が見いだされるが、空虚な神々とは違って実際に「存在する者」、行動的に人々とともにいて、彼らに援助を与え、「現存する者」という意味が最も重要であると思われる。後になると、神に対する畏敬のゆえに、この名は口にされなくなった。その代わりに神聖四文字は「アドーナイ（主）」と読まれるようになり、この読み方が70人訳のギリシア語聖書にも導入されて「キュリオス（主）」と訳された。使徒たちは、特に、復活して父の右にあげられたイエスを指すためにこの「主」という称号を使用した（フィリ2：11など）。なお、預言者が度々用いる「万軍の主」という呼称は、森羅万象、特に天の軍隊と考えられていた星辰を統べ治める全能の神を表している。

- 09 第29章1-23エレミヤの手紙.mp3
- 10 第29章24-32シェマヤに対する審判.mp3
- 11 第30章1-3回復の約束.mp3
- 12 第30章4-24ヤコブの災いと救い.mp3
- 13 第31章1-40新しい契約.mp3

24 エレミヤ書(4)
- 01 第32章1-5エレミヤの拘留.mp3
- 02 第32章6-15アナトトの畑を買う.mp3
- 03 第32章16-44エレミヤの祈り.mp3
- 04 第33章1-26エルサレムの復興.mp3
- 05 第34章1-7ゼデキヤ王への警告.mp3
- 06 第34章8-22奴隷の解放.mp3
- 07 第35章1-19レカブ人の忠誠.mp3
- 08 第36章1-32預言の巻物.mp3
- 09 第37章1-21エレミヤの逮捕.mp3
- 10 第38章1-13水溜めに投げ込まれる.mp3
- 11 第38章14-28ゼデキヤ王との最後の会見.mp3
- 12 第39章1-14エルサレムの陥落.mp3
- 13 第39章15-18エベド・メレクへの約束.mp3
- 14 第40章1-6エレミヤの釈放.mp3
- 15 第40章7-12ゲダルヤの働き.mp3
- 16 第40章13-41章18ゲダルヤの暗殺.mp3
- 17 第41章.mp3
- 18 第42章1-22エジプト行きに対する警告.mp3

24 エレミヤ書(5)
- 01 第43章1-7エジプトへの逃亡.mp3
- 02 第43章8-44章30エジプトにおける預言.mp3
- 03 第44章.mp3
- 04 第45章1-5バルクへの言葉.mp3
- 05 第46章1-51章58諸国民に対する預言.mp3
- 06 第47章.mp3
- 07 第48章.mp3
- 08 第49章.mp3
- 09 第50章.mp3
- 10 第51章.mp3
- 11 第51章59-64バビロン滅亡の巻物.mp3
- 12 第52章1-30エルサレムの陥落と捕囚.mp3
- 13 第52章31-34ヨヤキン王の名誉回復.mp3

25 哀歌
- 01 第01章1-22第一の歌(アルファベットによる詩).mp3
- 02 第02章1-22第二の歌(アルファベットによる詩).mp3
- 03 第03章1-66第三の歌(アルファベットによる詩).mp3
- 04 第04章1-22第四の歌(アルファベットによる詩).mp3

十二人（じゅうににん） イエスの弟子のうち，イスラエルの十二部族の数にちなんで特に選ばれた12人を指す。「十二人の弟子」「十二使徒」と同じ意味であるが，「弟子」とか「使徒」を付けない場合が多い（マタ10：5，マコ6：7，14：17など）。イスカリオテのユダが脱落したあと，使徒の数は「十一人」となったが，間もなくマティアを加えて再び12人となった（マタ28：16，使1：26参照）。なお使徒言行録2：14の「十一人」は，ペトロ以外の使徒を指す。

十二部族（じゅうにぶぞく） イスラエル民族はヤコブの12人の子を祖先とする12の部族から成っていた。イエスはそのうちの一つ，ユダ族の出身であられた（ヘブ7：14）。新約では，「十二使徒」を指導者とする教会が，神の民として新しい意味のイスラエルとなる（マタ19：28，ヤコ1：1，黙21：12-14）。

主の日（しゅのひ） 神が裁きを行われる日。この日，神は正しい人には救いを，悪人には滅びをもたらせられる（アモ5：18，ゼファ1：7）。新約では，世の終わり（終わりの時）にキリストが，来臨される時を意味する（1コリ5：5，2コリ1：14，1テサ5：2）。ほかに，イエスの復活した日という意味で日曜日を指す場合もある（黙1：10）。

主は生きておられる（しゅはいきておられる） 士師記8：19，サムエル記上14：39，45などに見られる「誓い」という意味を表わす定まった言い方。「生ける主にかけて誓う」の意。神御自身が語られる場合には，「わたしは生きている」（民14：21，28，イザ49：18，エレ22：24参照）となる。人間の命にかけて誓うこともある（サム上1：26，サム下14：19など）。また，神と人間の両者の命にかけて誓う場合も見られる（王下2：2，4，6，4：30など）。

準備の日（じゅんびのひ） 週の第6日，今の金曜日に当たる。安息日の前日。安息日を守るための準備を整える日という意味で，この名称がある。

贖罪の献げ物（しょくざいのささげもの） 「献げ物」の項を見よ。

除酵祭（じょこうさい） 過越祭に続いて7日間守られるユダヤ教の祭日。エジプト脱出を記念するため，当時の故事に倣って，パン種を入れないパンを作ったことから，この名称で呼ばれた（出12：14-20）。ニサンの月の15

- 05 第05章1-22第五の歌.mp3

6エゼキエル書(1)
- 01 第01章1-3章15エゼキエルの召命.mp3
- 02 第02章.mp3
- 03 第03章.mp3
- 04 第03章16-21預言者の務め.mp3
- 05 第03章22-27エゼキエルの沈黙.mp3
- 06 第04章1-5章17エルサレム包囲のしるし.mp3
- 07 第05章.mp3
- 08 第06章1-14偶像礼拝の山.mp3
- 09 第07章1-27主の怒りの日.mp3
- 10 第08章1-9章11エルサレムの堕落.mp3
- 11 第09章.mp3
- 12 第10章1-11章25主の栄光が神殿を去る.mp3
- 13 第11章.mp3
- 14 第12章1-28捕囚のしるし.mp3
- 15 第13章1-23偽りの預言者.mp3
- 16 第14章1-23偶像礼拝と神の審判.mp3
- 17 第15章1-8役に立たぬぶどうの木.mp3

6エゼキエル書(2)
- 01 第16章1-63エルサレムの背信.mp3
- 02 第17章1-24二羽の鷲とぶどうの木.mp3
- 03 第18章1-32各人の責任.mp3
- 04 第19章1-14君侯たちの悲しみの歌.mp3
- 05 第20章1-44エジプトからの救いと背信.mp3
- 06 第21章1-37エルサレムに向けられる剣.mp3
- 07 第22章1-31流血の町.mp3
- 08 第23章1-49オホラとオホリバ.mp3
- 09 第24章1-14火の上の鍋.mp3
- 10 第24章15-27エゼキエルの妻の死.mp3
- 11 第25章1-7アンモン人への預言.mp3
- 12 第25章8-11モアブへの預言.mp3
- 13 第25章12-14エドムへの預言.mp3
- 14 第25章15-17ペリシテへの預言.mp3

26エゼキエル書(3)
- 01 第26章1-28章19ティルスへの預言.mp3
- 02 第27章.mp3
- 03 第28章.mp3
- 04 第28章20-26シドンへの預言.mp3
- 05 第29章1-16エジプトの王、ファラオへの預言.mp3
- 06 第29章17-21ネブカドレツァルの報酬.mp3
- 07 第30章1-31章18エジプトに対する裁き.mp3
- 08 第31章.mp3

日から7日間である。太陽暦では3月末から4月初めごろ（マタ26：17，使12：3，20：6）。

しるし　「奇跡」の項を見よ。

神殿（しんでん）　新約では，ほとんどすべての場合，エルサレムの神殿を指す（使19：24にあるエフェソの女神アルテミスの神殿などは例外）。イスラエルの礼拝・祭儀の場として初めてエルサレムに神殿を建造したのは旧約のソロモン王であった（王上5〜7章参照）。この神殿はバビロン王ネブカドネツァル（＝ネブカドレツァル）に破壊された。その後，バビロンの捕囚から帰った人々の手で質素な神殿が再建された（エズ5：6〜6：12）が，紀元前20年ごろヘロデ大王は大規模な修理拡張工事を始めた。　イエスの時代には，周囲に回廊を巡らした広い境内と，白い大理石の美しい本殿を持つ，りっぱな建造物であった（マタ24：1，マコ13：1，2，ヨハ2：20参照）。

神殿税（しんでんぜい）　出エジプト記30：11以下に定められた規定に従って，ユダヤ人成人男子が年に一度，神殿に納める税金。額は旧約では半シェケル，新約時代には2ドラクメであった（マタ17：24以下）。

過越祭（すぎこしさい）　ユダヤ教三大祭りの一つで，イスラエルの民が神によってエジプトから救い出されたことを祝う祭り。エジプト人の長子と家畜の初子を滅ぼした神の使いが，イスラエル人の家を「過ぎ越し」たことに基づく名称（出12：23-27）。ニサンの月の14日（太陽暦では3月末から4月初めごろ）に小羊を屠って焼き，種なしパンとともに食して祝った。イスラエル信仰の根源をなすエジプト脱出を祝うので，この祭りを忠実に祝うよう聖書記者は強調している（出12：24，王下23：21，エズ6：19-22）。キリストも受難の前夜これを祝われた（ルカ22：16）。初代教会は，キリスト自身をこの犠牲の小羊と見なし（1コリ5：7），神の民の死から生命への過越を祝った。

隅の親石（すみのおやいし）　石造建築で最後に隅に置く押さえの石。詩編118：22が出典で，新約にたびたび引用される（マタ21：42，マコ12：10，ルカ20：17，使4：11，1ペト2：7，旧約では詩118：22，ゼカ4：7）。

聖（せい）　神の絶対的な尊厳を現す表現。人間を含むあらゆる被造物との隔たりを意味する。預言者イザヤは，召命を受けたとき，神の聖性をたた

09 第32章1-32ファラオに対する嘆きの歌.mp3
10 第33章1-33見張りの務め.mp3
11 第34章1-31イスラエルの牧者.mp3
12 第35章1-15エドムに対して.mp3
13 第36章1-38イスラエルの山々に向かって.mp3
14 第37章1-14枯れた骨の復活.mp3
15 第37章15-28一つとなる神の民.mp3

26エゼキエル書(4)
01 第38章1-39章29マゴグのゴグに対して.mp3
02 第39章.mp3
03 第40章1-42章20新しい神殿の幻.mp3
04 第41章.mp3
05 第42章.mp3
06 第43章1-44章3主の顕現.mp3
07 第44章.mp3
08 第44章4-31祭司の務め.mp3
09 第45章1-9聖域.mp3
10 第45章10-46章24祭りと献げ物.mp3
11 第46章.mp3
12 第47章1-12命の水.mp3
13 第47章13-48章35嗣業の割り当て.mp3
14 第48章.mp3

27ダニエル書(1)
01 第01章1-21バビロンの宮廷でのダニエル.mp3
02 第02章1-49巨大な像の夢.mp3
03 第03章1-30燃え盛る炉に投げ込まれた三人.mp3
04 第03章31-4章34大きな木の夢.mp3
05 第04章.mp3
06 第05章1-30壁に字を書く指の幻.mp3
07 第06章1-29獅子の洞窟に投げ込まれたダニエル.mp3
08 第07章1-28四頭の獣の幻.mp3
09 第08章1-27雄羊と雄山羊の幻.mp3
10 第09章1-27定めの七十週.mp3

27ダニエル書(2)、28ホセア書
01 ダニ第10章1-12章3終わりの時についての幻.mp3
02 ダニ第11章.mp3
03 ダニ第12章.mp3
04 ホセ第01章1.mp3
05 ホセ第01章2-9ホセアの妻と子.mp3
06 ホセ第02章1-3イスラエルの回復.mp3
07 ホセ第02章4-15イスラエルの背信.mp3
08 ホセ第02章16-25イスラエルの救いの日.mp3
09 ホセ第03章1-5神の愛による回復.mp3

える天使の力強い宣言を聞いている（イザ6：3）。更に、この語は神に属する事物や人間に適用される。聖所、「聖なる人たち」、などは、それ自身が聖であるというよりも、神のものとして清められたという意味で聖である。使徒パウロは、キリスト信者をこの意味で「聖なる者」と呼んでいる（ロマ1：7など）。

聖なる高台（せいなるたかだい） 「高い所」の意で、カナン人の礼拝所。聖木（アシェラ）や石柱があり、建物と祭壇が付属していた。初期には丘の上に設けられていたが、後には大木の下（エゼ6：13）、人工の高台にも設けられた。メギドやハツォールに遺跡が発見されている。イスラエルは「聖なる高台」を利用していたが（サム上9：12、王上3：4）、神殿が建てられ、ヨシヤ王がすべてのいけにえをエルサレムの神殿でのみ、ささげるように命じてからは、その利用を禁止した（王下23：5）。しかしながら一掃することはできなかった（エレ19：5）。

聖霊（せいれい） 神の霊の別名。特に新約聖書においてこの表現はひんぱんに用いられ、重要な事柄を表している。イエスは聖霊によって身ごもったマリアからお生まれになり（マタ1：18、20、ルカ1：35）、ヨルダン川で洗礼を受けたときに、聖霊がイエスの上にお降りになった（ルカ3：22）。復活したイエスが約束されたとおり、聖霊は五旬祭の日、イエスの弟子たちの上に降って（使2：1-4）、教会が生まれた。パウロによれば、イエスの死と復活によってわたしたちに与えられる最大の賜物は聖霊であり、「わたしたちに与えられた聖霊によって、神の愛がわたしたちの心に注がれている」（ロマ5：5）。また、聖霊は「弁護者」と呼ばれ、いつまでも弟子たちとともにいてイエスを証しし、弟子をすべての真理に導いてくださる（ヨハ14：26、15：26、16：13）。キリスト教の洗礼はイエスの命令どおりに、「父と子と聖霊の御名によって」授けられるが（マタ28：19）、ここに初代教会の信条にも表されている、キリスト教の根本的な神理解が示されている。

全能者（ぜんのうしゃ） 原語は、「シャダイ」または「エル・シャダイ」で、これはイスラエルの神の古い名称の一つである。「山に住む神」（山は神の住居と考えられていた）を意味していると言われているが、明らかではない。シャダイは「全能者」、エル・シャダイは「全能の神」と訳されている。これらの語は、70人訳ギリシア語聖書では「全能者（パントクラトール）」と訳され、新約のヨハネの黙示録でもその呼び方が使われている（1：8以下9回）。

10 ホセ第04章1-19主の告発.mp3
11 ホセ第05章1-7イスラエルに対する審判.mp3
12 ホセ第05章8-15戦争の罪と罰.mp3
13 ホセ第06章1-6偽りの悔い改め.mp3
14 ホセ第06章7-7章7イスラエルの罪.mp3
15 ホセ第07章.mp3
16 ホセ第07章8-16イスラエルと諸国民.mp3
17 ホセ第08章1-9章6イスラエルへの警告.mp3
18 ホセ第09章.mp3
19 ホセ第09章7-9預言者への憎しみ.mp3
20 ホセ第09章10-17ペオルとギルガルにおける罪.mp3
21 ホセ第10章1-15イスラエルに臨む罰.mp3
22 ホセ第11章1-11神の愛.mp3
23 ホセ第12章1-15ヤコブの罪.mp3
24 ホセ第13章1-14章1エフライムの終わり.mp3
25 ホセ第14章.mp3
26 ホセ第14章2-10エフライムの回復と祝福.mp3

9ヨエル書 30アモス書 31オバデヤ書
01 ヨエ第01章1.mp3
02 ヨエ第01章2-20いなごによる荒廃.mp3
03 ヨエ第02章1-11主の怒りの日.mp3
04 ヨエ第02章12-27主の慈しみ.mp3
05 ヨエ第03章1-5神の霊の降臨.mp3
06 ヨエ第04章1-15諸国民の裁き.mp3
07 ヨエ第04章16-21ユダの救い.mp3
08 アモ第01章1.mp3
09 アモ第01章2-2章16諸国民に対する審判.mp3
10 アモ第02章.mp3
11 アモ第03章1-2神の選び.mp3
12 アモ第03章3-8神が語られる.mp3
13 アモ第03章9-15サマリアの滅亡.mp3
14 アモ第04章1-3サマリアの女たち.mp3
15 アモ第04章4-13かたくななイスラエル.mp3
16 アモ第05章1-3悲しみの歌.mp3
17 アモ第05章4-15わたしを求めて生きよ.mp3
18 アモ第05章16-20裁きの日.mp3
19 アモ第05章21-27祭りにまさる正義.mp3
20 アモ第06章1-14驕れる人々への審判.mp3
21 アモ第07章1-3第一の幻.mp3
22 アモ第07章4-6第二の幻.mp3
23 アモ第07章7-9第三の幻.mp3
24 アモ第07章10-17アモスと祭司アマツヤ.mp3
25 アモ第08章1-3第四の幻.mp3
26 アモ第08章4-8商人の不正.mp3

洗礼〔バプテスマ〕（せんれい） 従来のプロテスタント諸訳では「バプテスマ」と訳されていたが，これはギリシア語「バプティスマ」（名詞形）の音訳。動詞形「バプティゾー」は元来「水に浸す」という意味。ヨハネは「悔い改めの洗礼」を授けた（マタ3：7）が，ユダヤ教の一部では，宗教的な清めの儀式として，身を水に浸すことが行われていた。キリスト教では，罪からの清めと，キリストと一致する新しい生活に入るしるしとなり，教会の重要な聖礼典もしくは秘跡となった（使8：36，9：18，ロマ6：3, 4，ガラ3：27）。

族長（ぞくちょう） イスラエル民族の祖先。アブラハム，イサク，ヤコブを指す。ヤコブの12人の息子がイスラエルの十二部族の祖となった。

大祭司（だいさいし） 祭司の最高の職位。新約時代には同時に最高法院の長でもあった。大祭司は1年に一度，贖罪日に自分自身とイスラエルの民全体のために，いけえとしてささげられた雄牛の血を皿に入れて神殿の至聖所に入り，そこでその血を注いだ。（レビ16：11-34，ヘブ9：7）。祭司の家系から選ばれ，終身の職位であったが，ヘロデ時代以後はこの制度が乱れ，権力者の意のままに任免が行われた。ヘブライ人への手紙は，イエスの大祭司職について詳述している。「祭司長」の項参照。

正しい者（ただしいもの） 神との正しい関係にある人間。聖書では「正しい」という言葉は，本来，神について用いられ，単に道徳的・社会的正義といった価値を意味するものではない。神は正しい神であり，人間にも正しさを要求される。しかし，人間は神の律法に背いて，神との正しい関係から堕落してしまい，人間の力だけでは，これを回復しえなくなった。預言者たちは，これが来るべき救い主（メシア）によって実現されると教えた（イザ53：11）。人間が正しい者とされるのは，神の救いの働きにより，キリストを信じる信仰による（ロマ3～5章）ので，世界のすべての人がその恵みにあずかることができるようになった（ロマ5：18）。「義」の項参照。

ダビデの子（ダビデのこ） ユダヤ人が待望したメシアの称号。メシアは旧約の王ダビデの子孫から出るという信仰に基づく（サム下7：12, 13）。

断食（だんじき） 宗教的な動機で一定の期間，食事を断つこと。旧約の時代からすでに実践され（申9：18），新約の時代に及んでいる（使13：2, 3）。イエスも宣教を開始するにあたり，40日間の断食を荒れ野でなさった（マタ4：2）。罪をくやむ行為としては，断食のほかに，粗布（あらぬの）を

37

27 アモ第08章9-14終わりの日.mp3
28 アモ第09章1-6第五の幻.mp3
29 アモ第09章7-10全世界の神.mp3
30 アモ第09章11-15後の日の回復.mp3
31 オバ1-18エドムの傲慢と滅亡.mp3
32 オバ19-21イスラエルの回復.mp3

32ヨナ書33ミカ書34ナホム書
01 ヨナ第01章1-16ヨナの逃亡.mp3
02 ヨナ第02章1-11ヨナの救助.mp3
03 ヨナ第03章1-4章11ニネベの悔い改め.mp3
04 ヨナ第04章.mp3
05 ミカ第01章1.mp3
06 ミカ第01章2-2章5神の審判.mp3
07 ミカ第02章.mp3
08 ミカ第02章6-11ユダの混乱.mp3
09 ミカ第02章12-13復興の預言.mp3
10 ミカ第03章1-12指導者たちの罪.mp3
11 ミカ第04章1-5章14終わりの日の約束.mp3
12 ミカ第05章.mp3
13 ミカ第06章1-16主の告発.mp3
14 ミカ第07章1-7民の腐敗.mp3
15 ミカ第07章8-20新しい約束.mp3

16 ナホ第01章1.mp3
17 ナホ第01章2-14主の怒り.mp3
18 ナホ第02章1-3章19ニネベの陥落.mp3
19 ナホ第03章.mp3

35ハバクク書36ゼファニヤ書37ハガイ書
01 ハバ第01章1.mp3
02 ハバ第01章2-4預言者の嘆き.mp3
03 ハバ第01章5-11主の答え.mp3
04 ハバ第01章12-17預言者の嘆き.mp3
05 ハバ第02章1-20主の答え.mp3
06 ハバ第03章1-19賛美の歌.mp3
07 ゼファ第01章1.mp3
08 ゼファ第01章2-2章3主の怒りの日.mp3
09 ゼファ第02章.mp3
10 ゼファ第02章4-15諸国民の滅亡.mp3
11 ゼファ第03章1-20エルサレムの罪と贖い.mp3
12 ハガ第01章1-15神殿再建の呼びかけ.mp3
13 ハガ第02章1-19新しい神殿の栄光と祝福.mp3
14 ハガ第02章20-23主の僕ゼルバベル.mp3

38ゼカリヤ書39マラキ書
01 ゼカ第01章1-6.mp3

まとったり（詩35：13）、頭に灰をかぶったりした（エス4：1）。使徒言行録27：9にある「断食日」は「贖罪日」と同じ日であると思われる。この日はティシュリの月の10日（太陽暦の10月ごろ）で、大祭司はこの日に至聖所に入り、全国民が罪のざんげのために断食をする定めになっていた。

知識（ちしき）　旧約聖書でまず第一に人間に求められていることは、「神を知る」ことである。これは思弁的に神を知ることではなく、恵みを与え裁きを行う方としての神を認めて、これに仕え、これと生きた交わりを結ぶことである（エレ9：2-6）。これに反し、人間の犯す一切の悪は神を知らないことから起こり、これによって正しい人間関係も社会生活も破壊されてしまう（ホセ4：1, 2）。預言者たちはメシア時代になると、神を知る新しい知識が地上に満ち（イザ11：9）、人間は「新しい心」（エゼ36：26, 27）で神を知るようになると預言している。またイスラエルには古い時代から「知者」と呼ばれる人々がいて、建築、農業などの実際的技能を教えたり、王の外交、裁判、行政を助けたり、さらに人生の生き方を教えたりしていた。
　新約では、特に霊的な真理の知識、神を知ること、などの意味で用いられる（ルカ11：52, ロマ2：20, 1コリ8章, コロ2：3）。他方、テモテへの手紙1の6：20の「知識」は、当時のグノーシス（知識）主義を指すものと思われる。グノーシス主義とは、一般の人には隠された真理が、特定の人に啓示されていると主張する一種の宗教哲学で、キリスト教にも影響を与えた。ヨハネの手紙などもグノーシス主義の異端を戒めて、真の「知識」を説いている（1ヨハ2：3, 4 など）。

仲介者（ちゅうかいしゃ）　神と人間との間に立って、和解の仲立ちをする者。旧約では、モーセが神とイスラエルの契約の仲介者といわれたが、新約では、キリストが新しい契約の唯一の仲介者であられる（1テモ2：5, ヘブ8：6, 9：15）。

徴税人（ちょうぜいにん）　ローマ政府あるいは領主（ガリラヤではヘロデ・アンティパス）から税金の取り立てを委託された役職。異邦人である外国の支配者のために働くばかりでなく、割り当てられた税額以上の金を取り立てて私腹をこやすという理由で、ユダヤ人から憎まれ、「罪人」と同様に見なされた。

長老（ちょうろう）　イスラエルの部族制度の中で、家族、氏族、部族を代表し、それを取り仕切る任務を帯びていた（出3：16, 民11：16）。一般

02 ゼカ第01章7-17第一の幻.mp3
03 ゼカ第02章1-4第二の幻.mp3
04 ゼカ第02章5-17第三の幻.mp3
05 ゼカ第03章1-10第四の幻.mp3
06 ゼカ第04章1-14第五の幻.mp3
07 ゼカ第05章1-4第六の幻.mp3
08 ゼカ第05章5-11第七の幻.mp3
09 ゼカ第06章1-8第八の幻.mp3
10 ゼカ第06章9-15戴冠の宣言.mp3
11 ゼカ第07章1-8章23断食と回復の約束.mp3
12 ゼカ第08章.mp3
13 ゼカ第09章1-11章3諸国民の裁きとイスラエルの救い.mp3
14 ゼカ第10章.mp3
15 ゼカ第11章.mp3
16 ゼカ第11章4-17悪い羊飼い.mp3
17 ゼカ第12章1-14章21エルサレムの救いと浄化.mp3
18 ゼカ第13章.mp3
19 ゼカ第14章.mp3
20 マラ第01章1.mp3
21 マラ第01章2-5イスラエルとエドム.mp3
22 マラ第01章6-14正しい礼拝.mp3
23 マラ第02章1-9祭司への警告.mp3
24 マラ第02章10-16若いときの妻に対する背信.mp3
25 マラ第02章17-3章5審判の日の到来.mp3
26 マラ第03章.mp3
27 マラ第03章6-12悔い改めの勧告.mp3
28 マラ第03章13-18正しい者と神に逆らう者.mp3
29 マラ第03章19-24主の日.mp3

■CD 5　40マタイによる福音書(1)〜43ヨハネによる福音書(3)
40マタイによる福音書(1)
01 第01章1-17イエス・キリストの系図.mp3
02 第01章18-25イエス・キリストの誕生.mp3
03 第02章1-12占星術の学者たちが訪れる.mp3
04 第02章13-15エジプトに避難する.mp3
05 第02章16-18ヘロデ、子供を皆殺しにする.mp3
06 第02章19-23エジプトから帰国する.mp3
07 第03章1-12洗礼者ヨハネ、教えを宣べる.mp3
08 第03章13-17イエス、洗礼を受ける.mp3
09 第04章1-11誘惑を受ける.mp3
10 第04章12-17ガリラヤで伝道を始める.mp3
11 第04章18-22四人の漁師を弟子にする.mp3

に年輩者だったので、「長老」(「老人」の意)と呼ばれたが、年齢よりもむしろ高い身分を指している。後には王の顧問の術語となり(王上12:6など。100回以上)、マカバイ時代以後は、国の最高法院の議員の一部を指すようになった(マタ21:23、26:3)。長老制は新約の教会にも取り入れられている(使14:23、1テモ5:17)。

角(つの)　動物の角は、油や化粧料の容器として使われ(サム上16:1)、また角笛として楽器にも用いられた(ヨシュ6:4)。更に角は「力」のシンボルと見なされ、「角を上げる」(詩89:18)、「救いの角」(詩18:3)などという表現が生まれた。
　祭壇の四隅につけられた突起も「角」と呼ばれ(出27:2)、献げ物にされた動物の血がその上に塗られ(レビ4:7)、それにつかまると、過って人を殺した場合でも死を免れることができた(王上1:50、2:28「逃れの町」の項参照)。

罪人(つみびと)　神に背き、その律法を犯す者。「神に逆らう者」(直訳では「悪人」)と同義。しかし福音書では律法学者や、ファリサイ派から、日常の生活で律法を忠実に守らないという理由で批判された人々を指す。徴税人や娼婦などは典型的な罪人であった(マタ21:31、マコ2:16)。パウロは、人間はすべて「罪人」であって、「律法」を守ることができず、ただキリストを信じる信仰によって罪から解放され、「命をもたらす霊」を受けて、それに従って歩み、律法の要求を満たしていると説いている(ロマ3:5-20)。

天(てん)　聖書では、「天」は物理的空間、もしくは、選ばれた者が集められる神の住まいを指す。旧約聖書の宇宙観では、天は金属の延べ板を張った天井のようなもので、その上には「上の水」が蓄えられており(創1:6, 7)、地上に降る雨や雪を通す「天の窓」がついている(創7:11)。また太陽、月、星も天井の内側に敷かれている軌道の上を動く(詩8:4、19:5, 6)。一方、人の上に高くある天は、神が天使に奉仕されながら王座についている住まいとも考えられており(ダニ7:9, 13)、神の超越性、尊厳性、不変性を表す。イエスは、「天におられる父」(マタ6:9)について語り、「天の国」へと人々を招かれる(「神の国」の項参照)。イエス自身、十字架を通して「天にあげられて」(使1:9)、「天にあるものであれ、地にあるものであれ、万物をただ御子によって、御自分と和解させ」(コロ1:20)、人々のために天への道をお開きになった(ヘブ9:24, 25、10:19-20)。それでキリスト者の「本国」(フィリ3:20)と「故郷」(ヘブ11:14-16)は天にあ

39

12	第04章23-25おびただしい病人をいやす.mp3	34	第07章21-23あなたたちのことは知らない.mp3
13	第05章1-2山上の説教を始める.mp3	35	第07章24-29家と土台.mp3
14	第05章3-12幸い.mp3	36	第08章1-4重い皮膚病を患っている人をいやす.mp3
15	第05章13-16地の塩、世の光.mp3	37	第08章5-13百人隊長の僕をいやす.mp3
16	第05章17-20律法について.mp3	38	第08章14-17多くの病人をいやす.mp3
17	第05章21-26腹を立ててはならない.mp3	39	第08章18-22弟子の覚悟.mp3
18	第05章27-30姦淫してはならない.mp3	40	第08章23-27嵐を静める.mp3
19	第05章31-32離縁してはならない.mp3	41	第08章28-34悪霊に取りつかれたガダラの人をいやす.mp3
20	第05章33-37誓ってはならない.mp3	42	第09章1-8中風の人をいやす.mp3
21	第05章38-42復讐してはならない.mp3	43	第09章9-13マタイを弟子にする.mp3
22	第05章43-48敵を愛しなさい.mp3	44	第09章14-17断食についての問答.mp3
23	第06章1-4施しをするときには.mp3	45	第09章18-26指導者の娘とイエスの服に触れる女.mp3
24	第06章5-15祈るときには.mp3	46	第09章27-31二人の盲人をいやす.mp3
25	第06章16-18断食するときには.mp3	47	第09章32-34口の利けない人をいやす.mp3
26	第06章19-21天に富を積みなさい.mp3	48	第09章35-38群衆に同情する.mp3
27	第06章22-23体のともし火は目.mp3	49	第10章1-4十二人を選ぶ.mp3
28	第06章24神と富.mp3	50	第10章5-15十二人を派遣する.mp3
29	第06章25-34思い悩むな.mp3	51	第10章16-25迫害を予告する.mp3
30	第07章1-6人を裁くな.mp3	52	第10章26-31恐るべき者.mp3
31	第07章7-11求めなさい.mp3		
32	第07章13-14狭い門.mp3		
33	第07章15-20実によって木を知る.mp3		

り,彼らは「新しい天と新しい地」を待ち望みながら(黙21:1,2ペト3:13),「天の召し」にふさわしく生活する(ヘブ3:1)。

天使(てんし)　神から派遣される使者。天上で神に仕え,人間の目に見えないが,特定の人間に現れて,神の意志を伝え,あるいは人間を守護し,導く(マタ1:20,21,ルカ2:9-15など)。「ガブリエル」「ミカエル」など名前を持つ天使もあった。　新約では悪魔も堕落した天使と信じられている(2ペト2:4,黙12:7-12)。旧約で「主の使い」と言われるとき,多くの場合,神と同一視されている(出3:2など)。

天の国(てんのくに)　「天」「神の国」の項を見よ。

ナザレ人の分派(ナザレじんのぶんぱ)　ナザレ出身の者(イエス)を指導者とするユダヤ教の分派という意味で,ユダヤ人が初代キリスト教徒を敵視して呼んだ名称(使24:5)。

ナジル人(ナジルびと)　特別な誓願によって「神にささげられ,聖別された人」の意。その誓願の継続中は,酒を断ち,頭髪を刈らず,死体に触れなかった(民6:1-21)。しかし中にはサムソン(士13章),預言者サムエル(サム上1:28)のように,母親によって神にささげられ,生涯ナジル人とされた者もいる。新約では,洗礼者ヨハネがそのような生活を守り(ルカ1:15),また使徒パウロも誓願を立ててそれを守ったことが伝えられている(使18:18,なお21:23以下と「清めの期間」の項も参照)。

七週祭(ななしゅうさい)　→「刈り入れの祭り」の項を見よ。

肉(にく)　旧約では,通常の意味で用いる場合もあるが,夫婦や親子のような近親関係にある者(創2:23,サム下5:1),更には,死すべき弱さをまとった者としての人間を意味することがある(創6:3,詩78:39)。また,霊に対立する意味でも使われている。パウロの手紙やヨハネによる福音書では,霊によって新たに生まれないかぎり,人間は「肉の人」「自然の人」であって,罪によって滅びる存在である(1コリ3:1-3,ヨハ3:6)。

ニコライ派(ニコライは)　ヨハネの黙示録2:6,15によれば,エフェソとペルガモンの教会に影響を与えた分派。キリスト者はこの世を超越しているのだから,偶像に供えた肉を食べることや,みだらな行いなどの禁止をこ

53 第10章32-33イエスの仲間であると言い表す.mp3	15 第13章36-43「毒麦」のたとえの説明.mp3
54 第10章34-39平和ではなく剣を.mp3	16 第13章44-50「天の国」のたとえ.mp3
55 第10章40-42受け入れる人の報い.mp3	17 第13章51-52天の国のことを学んだ学者.mp3
56 第11章1.mp3	18 第13章53-58ナザレで受け入れられない.mp3
57 第11章2-19洗礼者ヨハネとイエス.mp3	19 第14章1-12洗礼者ヨハネ、殺される.mp3
58 第11章20-24悔い改めない町を叱る.mp3	20 第14章13-21五千人に食べ物を与える.mp3
59 第11章25-30わたしのもとに来なさい.mp3	21 第14章22-33湖の上を歩く.mp3

マタイによる福音書(2)

01 第12章1-8安息日に麦の穂を摘む.mp3	22 第14章34-36ゲネサレトで病人をいやす.mp3
02 第12章9-14手の萎えた人をいやす.mp3	23 第15章1-20昔の人の言い伝え.mp3
03 第12章15-21神が選んだ僕.mp3	24 第15章21-28カナンの女の信仰.mp3
04 第12章22-32ベルゼブル論争.mp3	25 第15章29-31大勢の病人をいやす.mp3
05 第12章33-37木とその実.mp3	26 第15章32-39四千人に食べ物を与える.mp3
06 第12章38-42人々はしるしを欲しがる.mp3	27 第16章1-4人々はしるしを欲しがる.mp3
07 第12章43-45汚れた霊が戻って来る.mp3	28 第16章5-12ファリサイ派とサドカイ派の人々のパン種.mp3
08 第12章46-50イエスの母、兄弟.mp3	29 第16章13-20ペトロ、信仰を言い表す.mp3
09 第13章1-9「種を蒔く人」のたとえ.mp3	30 第16章21-28イエス、死と復活を予告する.mp3
10 第13章10-17たとえを用いて話す理由.mp3	31 第17章1-13イエスの姿が変わる.mp3
11 第13章18-23「種を蒔く人」のたとえの説明.mp3	32 第17章14-21悪霊に取りつかれた子をいやす.mp3
12 第13章24-30「毒麦」のたとえ.mp3	33 第17章22-23再び自分の死と復活を予告する.mp3
13 第13章31-33「からし種」と「パン種」のたとえ.mp3	34 第17章24-27神殿税を納める.mp3
14 第13章34-35たとえを用いて語る.mp3	35 第18章1-5天の国でいちばん偉い者.mp3

とさらに守らなくてもよいと唱えた。アンティオキア出身のニコラオ（使6：5）を始祖と考える説もある。

熱心党（ねっしんとう） ユダヤ人の宗教的政治集団。父祖の宗教的伝統を守る信念に基づき，ローマ帝国による異邦人支配を拒み，メシアの支配を実現するために武力を行使することをよしとした。紀元66年-70年の反乱の原因を作った主な勢力。イエスの12人の使徒のうちにも，シモンという熱心党員がいた（ルカ6：15，使1：13）。

熱情の神（ねつじょうのかみ） イスラエルの神の一つの呼び名（出20：5，申4：24）。神は契約によってイスラエルを自分の民とされたので，これを深く愛し，民が神に背いたときには罰を加えて彼らを正しい道に立ち帰らせようとする。神のこの激しい愛を聖書では「神の熱情」と表現する（エゼ16：42，39：25）。

逃れの町（のがれのまち） 過って人を死に至らしめた者が，正当な裁判を受けるときまで，死者の家族の私的復讐（血の復讐）を避けるために避難することのできる町（民35：9-28）。ヨルダンの川東と川西に3つずつ設けられた。ラモト・ギレアド，ヘブロン，シケムなどである（ヨシュ20：2-9）。

バアル アシェラやアシュトレトと並んで，古代パレスチナの住民が礼拝した神の名。本来は「主」「所有者」などの意味であったが，土地の所有者，豊作をもたらす神の固有名詞となった。エリヤをはじめ旧約の預言者は，バアル宗教と絶えず戦わねばならなかった（王上18～19章，ロマ11：4）。

賠償の献げ物（ばいしょうのささげもの） 「献げ物」の項を見よ。

初穂（はつほ） 本来は最初に収穫される穀物の意味であるが，旧約で穀物や果実の初なり，家畜の初子などを神にささげることが定められていたことから，神への献げ物を指す用語となった（レビ23章，申26章など）。新約では，キリストが新しい人間の初穂として最初に復活され（1コリ15：20），また，最初にキリスト者になった者も「初穂」と呼ばれる（ロマ16：5，1コリ16：15など）。

バプテスマ 洗礼〔バプテスマ〕の項を見よ。

36 第18章6-9罪への誘惑.mp3
37 第18章10-14「迷い出た羊」のたとえ.mp3
38 第18章15-20兄弟の忠告.mp3
39 第18章21-35「仲間を赦さない家来」のたとえ.mp3
40 第19章1-12離縁について教える.mp3
41 第19章13-15子供を祝福する.mp3
42 第19章16-30金持ちの青年.mp3
43 第20章1-16「ぶどう園の労働者」のたとえ.mp3
44 第20章17-19イエス、三度死と復活を予告する.mp3
45 第20章20-28ヤコブとヨハネの母の願い.mp3
46 第20章29-34二人の盲人をいやす.mp3
47 第21章1-11エルサレムに迎えられる.mp3
48 第21章12-17神殿から商人を追い出す.mp3
49 第21章18-22いちじくの木を呪う.mp3
50 第21章23-27権威についての問答.mp3
51 第21章28-32「二人の息子」のたとえ.mp3
52 第21章33-46「ぶどう園と農夫」のたとえ.mp3

40 マタイによる福音書(3)
01 第22章1-14「婚宴」のたとえ.mp3
02 第22章15-22皇帝への税金.mp3
03 第22章23-33復活についての問答.mp3
04 第22章34-40最も重要な掟.mp3
05 第22章41-46ダビデの子についての問答.mp3
06 第23章1-36律法学者とファリサイ派の人々を非する.mp3
07 第23章37-39エルサレムのために嘆く.mp3
08 第24章1-2神殿の崩壊を予告する.mp3
09 第24章3-14終末の徴.mp3
10 第24章15-28大きな苦難を予告する.mp3
11 第24章29-31人の子が来る.mp3
12 第24章32-35いちじくの木の教え.mp3
13 第24章36-44目を覚ましていなさい.mp3
14 第24章45-51忠実な僕と悪い僕.mp3
15 第25章1-13「十人のおとめ」のたとえ.mp3
16 第25章14-30「タラントン」のたとえ.mp3
17 第25章31-46すべての民族を裁く.mp3
18 第26章1-5イエスを殺す計画.mp3
19 第26章6-13ベタニアで香油を注がれる.mp3
20 第26章14-16ユダ、裏切りを企てる.mp3
21 第26章17-25過越の食事をする.mp3
22 第26章26-30主の晩餐.mp3
23 第26章31-35ペトロの離反を予告する.mp3
24 第26章36-46ゲツセマネで祈る.mp3
25 第26章47-56裏切られ、逮捕される.mp3

ハルマゲドン ヨハネの黙示録16：16によれば、悪魔が神に敵対して、最後の決戦をいどむために全世界の王を集める場所。ヘブライ語の「メギドの丘」を音訳したギリシア語。メギドが歴史上よく知られた古戦場であったため、終末の決戦場を象徴する名として選ばれたものであろう。

ハレルヤ ヘブライ語で「ヤー（＝神）を賛美せよ」の意味。旧約の詩編では初めか終わり、あるいは両方に用いられている（詩104, 105, 111, 146参照）。とくに第113編から第118編は「ハレルヤ詩編」と呼ばれ、過越祭のときに歌われたという（マタ26：30）。新約ではヨハネの黙示録19：6の賛美の歌の中で使われている。

反キリスト（はんキリスト） キリストと教会に敵対する者。終わりの時に現れて人間を惑わす者（1ヨハ2：18, 22, 4：3, 2ヨハ7章）。2テサ2：1-12の「不法の者」や、マルコによる福音書13：22の「偽メシア」なども同じ意味であろう。

パン種（パンだね） 発酵した練り粉の一部を取って、次のパンのために保存したものをいう。新約では、パンをふくらませる力を、神の国を成長させる力にたとえた場合（マタ13：33, ルカ13：21）と、反対に、ものを腐敗させる要素という意味で、ファリサイ派やヘロデにあてはめて言う場合（マタ16：5-12）など、いずれも象徴的に用いられている。また、旧約でイスラエルがエジプトを脱出したときにパン種を入れないパンを食べた故事によって、除酵祭が守られるようになったが、パウロはこのことをキリストの十字架の犠牲と結び付ける（1コリ5：6-8）。

パンを裂く（パンをさく） 一つのパンを手でちぎって多くの人に分け、一緒に食べること。食卓を共にすることは兄弟の交わりを意味した。イエスが多くの人にパンをお分けになった奇跡（マタ14：19, ルカ9：16）や、最後の食事のとき（マコ14：22）などにこの表現が用いられている。また原始教会の信者たちの交わりも、パンを分け合う共同の食事を中心としていた（使2：42, 46, 20：7, 11）。コリントの信徒への手紙1の10：16, 11：23, 24では、主の晩餐の典礼の用語となっていたと思われる。

人の子（ひとのこ） 旧約では「人間」の意味で用いられることもあるが（民23：19, 詩8：5）、新約では多くの場合メシア（キリスト）を指す術語である。しかも、唯一の例外（使7：56）を除いて、すべてイエスの言葉の

26 第26章57-68最高法院で裁判を受ける.mp3
27 第26章69-75ペトロ、イエスを知らないと言う.mp3
28 第27章1-2ピラトに引き渡される.mp3
29 第27章3-10ユダ、自殺する.mp3
30 第27章11-14ピラトから尋問される.mp3
31 第27章15-26死刑の判決を受ける.mp3
32 第27章27-31兵士から侮辱される.mp3
33 第27章32-44十字架につけられる.mp3
34 第27章45-56イエスの死.mp3
35 第27章57-61墓に葬られる.mp3
36 第27章62-66番兵、墓を見張る.mp3
37 第28章1-10復活する.mp3
38 第28章11-15番兵、報告する.mp3
39 第28章16-20弟子たちを派遣する.mp3

マルコによる福音書(1)

01 第01章1-8洗礼者ヨハネ、教えを宣べる.mp3
02 第01章9-11イエス、洗礼を受ける.mp3
03 第01章12-13誘惑を受ける.mp3
04 第01章14-15ガリラヤで伝道を始める.mp3
05 第01章16-20四人の漁師を弟子にする.mp3
06 第01章21-28汚れた霊に取りつかれた男をいやす.mp3
07 第01章29-34多くの病人をいやす.mp3
08 第01章35-39巡回して宣教する.mp3
09 第01章40-45重い皮膚病を患っている人をいやす.mp3
10 第02章1-12中風の人をいやす.mp3
11 第02章13-17レビを弟子にする.mp3
12 第02章18-22断食についての問答.mp3
13 第02章23-28安息日に麦の穂を摘む.mp3
14 第03章1-6手の萎えた人をいやす.mp3
15 第03章7-12湖の岸辺の群衆.mp3
16 第03章13-19十二人を選ぶ.mp3
17 第03章20 30ベルゼブル論争.mp3
18 第03章31-35イエスの母、兄弟.mp3
19 第04章1-9「種を蒔く人」のたとえ.mp3
20 第04章10-12たとえを用いて話す理由.mp3
21 第04章13-20「種を蒔く人」のたとえの説明.mp3
22 第04章21-25「ともし火」と「秤」のたとえ.mp3
23 第04章26-29「成長する種」のたとえ.mp3
24 第04章30-32「からし種」のたとえ.mp3
25 第04章33-34たとえを用いて語る.mp3
26 第04章35-41突風を静める.mp3

中に用いられ、イエス自身の呼び名とされた。これはイエスの受難（マコ8：31），罪を赦す権威（マコ2：10），受くべき栄光（マコ8：38）を表す。

ファラオ　古代エジプトの王の尊称。ファラオはギリシア語名で，ヘブライ語ではパロ。旧約では創世記（12：15-20）から列王記に至るまで（王下23：29）多くのファラオが登場している。原意は「大きな家」。新約には2人のファラオに関する言及がある。使徒言行録7：10-13（創40～47章）と使徒言行録7：21，ローマの信徒への手紙9：17，ヘブライ人への手紙11：24（出1：8～14：31）。

ファリサイ派（ファリサイ）　ハスモン王朝時代に形成されたユダヤ教の一派。イエス時代にはサドカイ派と並んで民衆に大きな影響力を持っていた。律法学者は多くファリサイ派に属していたと思われ，しばしば並んで記されている（マタ23：2など）。律法を守ること，特に安息日や断食，施しを行うことや宗教的な清めを強調した。ヘブライ語「ペルシーム」は「分離した者」の意味であり，この名称の由来については種々の説があるが，恐らく律法を守らない一般の人から自分たちを「分離した」という意味であろう。福音書ではイエスの論敵として描かれる（マタ12章，23章）。パウロは，自らファリサイ派であったと言っている（フィリ3：5）。

ベリアル　キリストに敵対する悪魔の名。旧約では「無価値なこと」「よこしまなこと」を意味する普通名詞であった（申13：14，ヨブ34：18では「ならず者」），新約時代には，固有名詞として用いられていた（2コリ6：15）。

ベルゼブル　悪魔の頭（かしら）の名。サタンと同じ意味にも用いられる（マタ10：25，12：24-27）。

弁護者（べんごしゃ）　ヨハネによる福音書および手紙の中で，聖霊あるいはキリストを指す表現（ヨハ14：16，26，1ヨハ2：1）。神の前で人間を弁護し，執り成しをする働きに由来する。

捕囚（ほしゅう）　古代オリエント世界に多く見られた占領政策の一つで，戦勝国は敗戦国の指導者，軍人，ならびに有力，有益な住民を自国内に強制移住させて，謀反の再発を予防するとともに，自国の発展を図った。北イスラエル王国では，アッシリア王ティグラト・ピレセル三世（前744-727年在位）の治世下における捕囚を皮切りに数次行われた（王下15：29，17：5，

- 27 第05章1-20悪霊に取りつかれたゲラサの人をいやす.mp3
- 28 第05章21-43ヤイロの娘とイエスの服に触れる女.mp3
- 29 第06章1-6aナザレで受け入れられない.mp3
- 30 第06章6b-13十二人を派遣する.mp3
- 31 第06章14-29洗礼者ヨハネ、殺される.mp3
- 32 第06章30-44五千人に食べ物を与える.mp3
- 33 第06章45-52湖の上を歩く.mp3
- 34 第06章53-56ゲネサレトで病人をいやす.mp3
- 35 第07章1-23昔の人の言い伝え.mp3
- 36 第07章24-30シリア・フェニキアの女の信仰.mp3
- 37 第07章31-37耳が聞こえず舌の回らない人をいやす.mp3
- 38 第08章1-10四千人に食べ物を与える.mp3
- 39 第08章11-13人々はしるしを欲しがる.mp3
- 40 第08章14-21ファリサイ派の人々とヘロデのパン種.mp3
- 41 第08章22-26ベトサイダで盲人をいやす.mp3
- 42 第08章27-30ペトロ、信仰を言い表す.mp3
- 43 第08章31-9章1イエス、死と復活を予告する.mp3
- 44 第09章1.mp3
- 45 第09章2-13イエスの姿が変わる.mp3
- 46 第09章14-29汚れた霊に取りつかれた子をいやす.mp3
- 47 第09章30-32再び自分の死と復活を予告する.mp3
- 48 第09章33-37いちばん偉い者.mp3
- 49 第09章38-41逆らわない者は味方.mp3
- 50 第09章42-50罪への誘惑.mp3

41マルコによる福音書(2)
- 01 第10章1-12離縁について教える.mp3
- 02 第10章13-16子供を祝福する.mp3
- 03 第10章17-31金持ちの男.mp3
- 04 第10章32-34イエス、三度自分の死と復活を予告する.mp3
- 05 第10章35-45ヤコブとヨハネの願い.mp3
- 06 第10章46-52盲人バルティマイをいやす.mp3
- 07 第11章1-11エルサレムに迎えられる.mp3
- 08 第11章12-14いちじくの木を呪う.mp3
- 09 第11章15-19神殿から商人を追い出す.mp3
- 10 第11章20-26枯れたいちじくの木の教訓.mp3
- 11 第11章27-33権威についての問答.mp3
- 12 第12章1-12「ぶどう園と農夫」のたとえ.mp3
- 13 第12章13-17皇帝への税金.mp3
- 14 第12章18-27復活についての問答.mp3

6)。しかし一般に「捕囚」というときは、バビロニア王ネブカドネツァル（前605-562年在位）によって前598年から3回にわたって行われた南ユダ王国のそれを指す（王下24：14-16, 25：11, 12, 21）。この捕囚で約4600人の成人男子がバビロニア国内に移住させられ（エレ52：30），前538年ペルシアの王キュロスの帰還命令発布までの約60年間，外国での生活を強いられた（詩137）。バビロンに移住した人たちが、いわゆる「残りの者」（ゼファ3：12, 13）となってイスラエルの復興の中核となった。

幕屋（まくや）　モーセがシナイ山で十戒を授与された後、神の命令に従って作ったテントの礼拝所。契約の箱が安置され、また神が現れてモーセと語らう場所になったので「臨在の幕屋」とも呼ばれた。イスラエル民族の荒れ野の旅に伴って移動した（出25章, 民9：15, 使7：44, 黙15：5）。

マナ　イスラエル人がエジプトを脱出して、荒れ野を旅していたときに、天から与えられた食物（出16：14-35, 民11：7-9）。これを見た人々が「これは何だろう」（マーン・フー）と言ったので、この名がついたという。イエスはマナに代わる「命のパン」をお与えになった（ヨハ6章）。なお、新約ではギリシア語の原音に近く「マンナ」と表記した（ヘブ9：4など）。

幻（まぼろし）　神の霊感を受けた人に示される異象。現実に存在しない動物や、異常な現象を通して与えられる神の啓示。

メシア　「油を注がれた者」の意で旧約聖書では39回用いられている。イスラエルでは「王」（サム下2：4）「祭司」（出29：7）が、就任式のとき油を注がれた。後に「油を注がれた者」は、正しい治世をもって国を治める理想的王を示すようになり（イザ11：1-10）、更に神の決定的な救いをもたらす「救い主」を指すようになった。新約時代の人々は政治的解放をもたらすメシアを待望していたが、イエスはそれを拒否し、十字架の死によって人々を罪から救うメシアであることを主張された。新約聖書は、イエスがこの意味のメシアであることを主張し、イエスに「キリスト」（メシアのギリシア語訳）という名称を付した（マタ1：1, 16：16）。

メルキゼデク　「義の王」の意味。創世記14：18によれば「サレムの王」、ヘブライ人への手紙7章においてはキリストを説明するものとなっている。

焼き尽くす献げ物（やきつくすささげもの）　「献げ物」の項を見よ。

15 第12章28-34最も重要な掟.mp3	36 第15章1-5ピラトから尋問される.mp3
16 第12章35-37ダビデの子についての問答.mp3	37 第15章6-15死刑の判決を受ける.mp3
17 第12章38-40律法学者を非難する.mp3	38 第15章16-20兵士から侮辱される.mp3
18 第12章41-44やもめの献金.mp3	39 第15章21-32十字架につけられる.mp3
19 第13章1-2神殿の崩壊を予告する.mp3	40 第15章33-41イエスの死.mp3
20 第13章3-13終末の徴.mp3	41 第15章42-47墓に葬られる.mp3
21 第13章14-23大きな苦難を予告する.mp3	42 第16章1-8復活する.mp3
22 第13章24-27人の子が来る.mp3	43 第16章9-11結び一　マグダラのマリアに現れる.mp3
23 第13章28-31いちじくの木の教え.mp3	
24 第13章32-37目を覚ましていなさい.mp3	44 第16章12-13二人の弟子に現れる.mp3
25 第14章1-2イエスを殺す計略.mp3	45 第16章14-18弟子たちを派遣する.mp3
26 第14章3-9ベタニアで香油を注がれる.mp3	46 第16章19-20天に上げられる.mp3
27 第14章10-11ユダ、裏切りを企てる.mp3	47 第16章結び二.mp3
28 第14章12-21過越の食事をする.mp3	**42ルカによる福音書(1)**
29 第14章22-26主の晩餐.mp3	01 第01章1-4献呈の言葉.mp3
30 第14章27-31ペトロの離反を予告する.mp3	02 第01章5-25洗礼者ヨハネの誕生、予告される.mp3
31 第14章32-42ゲツセマネで祈る.mp3	03 第01章26-38イエスの誕生が予告される.mp3
32 第14章43-50裏切られ、逮捕される.mp3	04 第01章39-45マリア、エリサベトを訪ねる.mp3
33 第14章51-52一人の若者、逃げる.mp3	05 第01章46-56マリアの賛歌.mp3
34 第14章53-65最高法院で裁判を受ける.mp3	06 第01章57-66洗礼者ヨハネの誕生.mp3
35 第14章66-72ペトロ、イエスを知らないと言う.mp3	07 第01章67-80ザカリアの預言.mp3
	08 第02章1-7イエスの誕生.mp3

世（よ）　旧約聖書では，宇宙や世界を指すのに「天と地」といっている。神は，「天と地と海とそこにあるすべてのものを造り」（出 20：11），地上にあるすべてのものを人間の支配にゆだねた（創 1：28）。しかし，人間の罪の結果，地上には悪と不幸が生じ（創 3：16-19），世は「その支配者」（ヨハ 12：31）と呼ばれているサタンのもとにおかれ，キリストに反するものとなった（1 ヨハ 4：3, 5）。キリスト者は，悪によって支配される世を愛してはならない（1 ヨハ 2：15）。しかし神は世を創造し，「世を愛してその救い主として独り子を与え」（ヨハ 3：16），彼によってサタンの勢力を砕き（ヘブ 2：14, ヨハ 14：30, 16：33），万物を新しくされる（黙 21：5）。「世の光」（マタ 5：14）として立てられたキリスト者は，キリストによって始められている「来るべき世の力」をすでに味わっている（ヘブ 6：5）。

預言（よげん）　神の霊感を受けた人（預言者）が語る言葉。本来の意味は，神（あるいは他の人間）のために，代わって語ること。神の意志によって起こる出来事，神の裁きと救いについての告知である。新約では，主として旧約の預言者が語ったメシアの到来に関する言葉を指す（マタ 1：22, 2：5, 使 3：25）。初代教会の場合には，聖霊に感じて語る言葉の意味である（1 コリ 14：1-5）。

預言者（よげんしゃ）　神の啓示を受け，神の名によって語る人。王国分裂後の預言者たちの言葉は，後に文書にまとめられ，いわゆる預言書として編さんされ，ヘブライ語の旧約聖書には，その第 2 部に集録され，古代のギリシア語訳，ラテン語訳，および大多数の現代語訳には，旧約聖書の最後の部に収録されている。新約では，旧約の預言者個人を指す場合（マタ 3：3, 4：14）と，「律法と預言者」というように，旧約の第 2 部を意味する場合がある。また，初代教会には使徒の次に教師，奇跡を行う者などと並んで預言者がいた（1 コリ 12：28）。これは神の霊によって預言をする能力を与えられた人であった（1 コリ 14：1）。

ヨベルの年（ヨベルのとし）　イスラエルでは 7 年ごとに農耕をせずに土地を休ませ（安息の年という。レビ 25：1-7），これを 7 回繰り返した翌年，つまり 50 年ごとの 1 年をヨベルの年として祝った。その祝い方についての詳しい規定はレビ 25：8 以下に記されている。ヨベルの年には引き続いて農耕を休むとともに，人手に渡っていた父祖伝来の土地（嗣業）が元の所有者に無償で返され，同胞の奴隷はすべて解放された。この喜ばしい年の始まりは「雄羊の角」（ヨーベル）を吹いて告知されたので，この呼び名が付い

09 第02章8-21羊飼いと天使.mp3	31 第06章20-26幸いと不幸.mp3
10 第02章22-38神殿で献げられる.mp3	32 第06章27-36敵を愛しなさい.mp3
11 第02章39-40ナザレに帰る.mp3	33 第06章37-42人を裁くな.mp3
12 第02章41-52神殿での少年イエス.mp3	34 第06章43-45実によって木を知る.mp3
13 第03章1-20洗礼者ヨハネ、教えを宣べる.mp3	35 第06章46-49家と土台.mp3
14 第03章21-22イエス、洗礼を受ける.mp3	**42ルカによる福音書(2)**
15 第03章23-38イエスの系図.mp3	01 第07章1-10百人隊長の僕をいやす.mp3
16 第04章1-13誘惑を受ける.mp3	02 第07章11-17やもめの息子を生き返らせる.mp3
17 第04章14-15ガリラヤで伝道を始める.mp3	03 第07章18-35洗礼者ヨハネとイエス.mp3
18 第04章16-30ナザレで受け入れられない.mp3	04 第07章36-50罪深い女を赦す.mp3
19 第04章31-37汚れた霊に取りつかれた男をいやす.mp3	05 第08章1-3婦人たち、奉仕する.mp3
20 第04章38-41多くの病人をいやす.mp3	06 第08章4-8「種を蒔く人」のたとえ.mp3
21 第04章42-44巡回して宣教する.mp3	07 第08章9-10たとえを用いて話す理由.mp3
22 第05章1-11漁師を弟子にする.mp3	08 第08章11-15「種を蒔く人」のたとえの説明.mp3
23 第05章12-16重い皮膚病を患っている人をいやす.mp3	09 第08章16-18「ともし火」のたとえ.mp3
24 第05章17-26中風の人をいやす.mp3	10 第08章19-21イエスの母、兄弟.mp3
25 第05章27-32レビを弟子にする.mp3	11 第08章22-25突風を静める.mp3
26 第05章33-39断食についての問答.mp3	12 第08章26-39悪霊に取りつかれたゲラサの人をいやす.mp3
27 第06章1-5安息日に麦の穂を摘む.mp3	13 第08章40-56ヤイロの娘とイエスの服に触れる女.mp3
28 第06章6-11手の萎えた人をいやす.mp3	14 第09章1-6十二人を派遣する.mp3
29 第06章12-16十二人を選ぶ.mp3	
30 第06章17-19おびただしい病人をいやす.mp3	

たものと思われる。この制度は極めて高い理想を表しているものであるが、古代イスラエルの民に実際にそのまま守られていたかどうかは疑わしい。イエスはナザレの会堂でイザヤ書61：1，2を引用しながら、その宣教によって、罪からの解放を告げる新しいヨベルの年が到来したことを宣言しておられる（ルカ4：16-19）。

陰府（よみ） 死者が集められる場所で、地下にあると思われていた。この語は旧約では65回、新約では10回使われている。イエスも死後は陰府にくだり（1ペト3：19，20）、そこから復活することによって死の力を打ち砕かれた（1コリ15：26）。

律法（りっぽう） 神の意志による教えと戒めのこと。神は、人間の守るべき道を教え、十戒その他の戒めを与えた（出20：22～23：33など）。それには道徳律のほかに、祭儀規定、社会法規、種々の勧告なども含まれている。民はそれらを守ることによって、神の選びの愛と契約にこたえなければならないとされた。しかし、広義には、旧約の創世記、出エジプト記、レビ記、民数記、申命記の5書を指す。「モーセ五書」とも呼ばれる。新約で「律法と預言者」という用語が旧約全体を指す場合もある（マタ5：17、ルカ16：16，17）。イエスは、律法を廃止するためではなく、それを完成するために来たと宣言し（マタ5：17）、律法の中で最も重要な掟は愛であると説かれた（マタ22：36-40）。パウロは、人が律法を実行することによっては神の前で義とされず、イエス・キリストを信じることによって、神の義が人々に与えられることを教えている（ロマ3：19-31、7章、ガラ3章など）。

律法学者（りっぽうがくしゃ） 律法を専門に研究し、解釈して民衆に教える教師。優れた学者は多くの弟子を持ち、最高法院の議員など、社会的に尊敬される地位にあった。学者の多くはファリサイ派に属していたと思われる（マタ23：1-7、なお、使5：34参照）。しかしイエスの時代には、文字どおりの律法順守に拘泥するあまり、他の人に厳しい順守を要求したので（律法主義）、愛の実践を優位におくイエスと真っ向から対立した。

レカブ人（レカブじん） ケニ人レカブの子孫で、イスラエルの民のカナン定着後も、荒れ野の生活を守り通した遊牧民族。レカブ人ヨナダブは、クーデターによって北イスラエルの王になったばかりのイエフに協力してバアル礼拝の根絶に一役買った（王下10：15-27）。エレミヤ書35章では、神はレカブ人が父祖の伝承を固守して酒も飲まず、定住する家も造らず、富も

46

15 第09章7-9ヘロデ、戸惑う.mp3
16 第09章10-17五千人に食べ物を与える.mp3
17 第09章18-20ペトロ、信仰を言い表す.mp3
18 第09章21-27イエス、死と復活を予告する.mp3
19 第09章28-36イエスの姿が変わる.mp3
20 第09章37-43a悪霊に取りつかれた子をいやす.mp3
21 第09章43b-45再び自分の死を予告する.mp3
22 第09章46-48いちばん偉い者.mp3
23 第09章49-50逆らわない者は味方.mp3
24 第09章51-56サマリア人から歓迎されない.mp3
25 第09章57-62弟子の覚悟.mp3
26 第10章1-12七十二人を派遣する.mp3
27 第10章13-16悔い改めない町を叱る.mp3
28 第10章17-20七十二人、帰って来る.mp3
29 第10章21-24喜びにあふれる.mp3
30 第10章25-37善いサマリア人.mp3
31 第10章38-42マルタとマリア.mp3
32 第11章1-13祈るときには.mp3
33 第11章14-23ベルゼブル論争.mp3
34 第11章24-26汚れた霊が戻って来る.mp3
35 第11章27-28真の幸い.mp3
36 第11章29-32人々はしるしを欲しがる.mp3
37 第11章33-36体のともし火は目.mp3
38 第11章37-54ファリサイ派の人々と律法の専門家とを非難する.mp3

42ルカによる福音書(3)

01 第12章1-3偽善に気をつけさせる.mp3
02 第12章4-7恐るべき者.mp3
03 第12章8-12イエスの仲間であると言い表す.mp3
04 第12章13-21「愚かな金持ち」のたとえ.mp3
05 第12章22-34思い悩むな.mp3
06 第12章35-48目を覚ましている僕.mp3
07 第12章49-53分裂をもたらす.mp3
08 第12章54-56時を見分ける.mp3
09 第12章57-59訴える人と仲直りする.mp3
10 第13章1-5悔い改めなければ滅びる.mp3
11 第13章6-9「実のならないいちじくの木」のたとえ.mp3
12 第13章10-17安息日に、腰の曲がった婦人をいやす.mp3
13 第13章18-21「からし種」と「パン種」のたとえ.mp3
14 第13章22-30狭い戸口.m3
15 第13章31-35エルサレムのために嘆く.mp3
16 第14章1-6安息日に水腫の人をいやす.mp3

持たずに神に対する忠誠を守っていることを賞賛している。

レギオン　ローマの軍隊組織の中の区分で、歩兵を主体に騎兵を含む一種の軍団。兵士の数は新約時代には5,000人前後であったとみられる。「大きな数量」を意味する語としても用いられた。ゲラサの悪魔つきについていた,「汚れた霊」がレギオンと名のった（マコ5：9, ルカ8：30）のは，その人が多くの悪霊につかれていることを表すものであった。

レビ人（レビびと）　12族長の一人レビの子孫でイスラエルにおける祭司階級。初めはレビ人と祭司は同意語であったが、祭司がレビ族の一人アロンの子孫に限定されるようになってからは、祭司の下位にあって宗教的公務を果たす階級を指すようになった（民3章）。レビ人は神殿での奉仕（代上24～26章）のほかに民の教育にも当たった（代下17：8, 9）。レビ人には、嗣業の土地は与えられず（民18：23）、48の町に分散して住み（ヨシュ21章），他の部族の人から農産物と家畜の10分の1を受けて生活していた（民18：21）。

レビヤタン　ヨブ記（3：8, 40：25以下），イザヤ書（27：1）などに登場する、古代オリエント世界の神話的な怪獣。蛇か、わにのようなものと考えられ、宇宙創世以前の混沌のシンボルであった。しかしイスラエルでは神に退治される怪獣（詩74：14），もしくは、神の前にたわむれる、害のない生き物となっている（詩104：26）。なお、ヨブ記40：15に出てくる「ベヘモット」も同じような怪獣である。

六百六十六（ろっぴゃくろくじゅうろく）　ヨハネの黙示録13：18で、ある人物の名を暗示する数字。ヘブライ語やギリシア語，ラテン語には特別な数字がなく、アルファベットの文字がそれぞれ数を表す。数を用いた暗号は、逆に文字に戻して解読することができる。666について最も有力な説は，ヘブライ語でネロ皇帝と読む解釈である。

和解の献げ物（わかいのささげもの）　「献げ物」の項を見よ。

17 第14章7-14客と招待する者への教訓.mp3
18 第14章15-24「大宴会」のたとえ.mp3
19 第14章25-33弟子の条件.mp3
20 第14章34-35塩気のなくなった塩.mp3
21 第15章1-7「見失った羊」のたとえ.mp3
22 第15章8-10「無くした銀貨」のたとえ.mp3
23 第15章11-32「放蕩息子」のたとえ.mp3
24 第16章1-13「不正な管理人」のたとえ.mp3
25 第16章14-18律法と神の国.mp3
26 第16章19-31金持ちとラザロ.mp3
27 第17章1-10赦し、信仰、奉仕.mp3
28 第17章11-19重い皮膚病を患っている十人の人をいやす.mp3
29 第17章20-37神の国が来る.mp3
30 第18章1-8「やもめと裁判官」のたとえ.mp3
31 第18章9-14「ファリサイ派の人と徴税人」のたとえ.mp3
32 第18章15-17子供を祝福する.mp3
33 第18章18-30金持ちの議員.mp3
34 第18章31-34イエス、三度死と復活を予告する.mp3
35 第18章35-43エリコの近くで盲人をいやす.mp3
36 第19章1-10徴税人ザアカイ.mp3
37 第19章11-27「ムナ」のたとえ.mp3
38 第19章28-44エルサレムに迎えられる.mp3
39 第19章45-48神殿から商人を追い出す.mp3

42 ルカによる福音書(4)
01 第20章1-8権威についての問答.mp3
02 第20章9-19「ぶどう園と農夫」のたとえ.mp3
03 第20章20-26皇帝への税金.mp3
04 第20章27-40復活についての問答.mp3
05 第20章41-44ダビデの子についての問答.mp3
06 第20章45-47律法学者を非難する.mp3
07 第21章1-4やもめの献金.mp3
08 第21章5-6神殿の崩壊を予告する.mp3
09 第21章7-19終末の徴.mp3
10 第21章20-24エルサレムの滅亡を予告する.mp3
11 第21章25-28人の子が来る.mp3
12 第21章29-33「いちじくの木」のたとえ.mp3
13 第21章34-38目を覚ましていなさい.mp3
14 第22章1-6イエスを殺す計略.mp3
15 第22章7-13過越の食事を準備させる.mp3
16 第22章14-23主の晩餐.mp3
17 第22章24-30いちばん偉い者.mp3
18 第22章31-34ペトロの離反を予告する.mp3
19 第22章35-38財布と袋と剣.mp3

旧約聖書　章・節対照表

この表は旧約における新共同訳の底本の章・節と、日本聖書協会口語聖書の章・節とが相違している個所ごとに、左欄では新共同訳の範囲を、右欄にはそれに相応する口語聖書の範囲を示したものである。

書　名	新共同訳 章	節	口語聖書 章	節	書　名	新共同訳 章	節	口語聖書 章	節
創世記					サムエル記上				
	32	1	31	55		24	2～23	24	1～22
	32	2～33	32	1～32	サムエル記下				
出エジプト記						19	1	18	33
	7	26～29	8	1～4		19	2～44	19	1～43
	8	1～28	8	5～32	列王記上				
	21	37	22	1		5	1～14	4	21～34
	22	1～30	22	2～31		5	15～32	5	1～18
レビ記						22	43	22	43(a)
	6	20～26	6	1～7		22	44～54	22	43(b)～53
	6	1～23	6	8～30	列王記下				
民数記						12	1	11	21
	17	1～15	16	36～50		12	2～22	12	1～21
	17	16～28	17	1～13	歴代誌上				
	25	19	26	1(a)		5	27～41	6	1～15
	26	1～65	26	1(b)～65		6	1～66	6	16～81
	30	1	29	40		12	5～41	12	4(b)～40
	30	2～17	30	1～16	歴代誌下				
申命記						1	18	2	1
	13	1	12	32		2	1～17	2	2～18
	13	2～19	13	1～18		13	23	14	1
	23	1	22	30		14	1～14	14	2～15
	23	2～26	23	1～25	ネヘミヤ記				
	28	69	29	1		3	33～38	4	1～6
	29	1～28	29	2～29		4	1～17	4	7～23
サムエル記上						7	68～72	7	69～73
	4	1(a)	3	21(b)		10	1	9	38
	4	1(b)	4	1		10	2～40	10	1～39
	21	1	20	42(b)	ヨブ記				
	21	2～16	21	1～15		40	25～32	41	1～8
	24	1	23	29		41	1～26	41	9～34

20 第22章39-46オリーブ山で祈る.mp3
21 第22章47-53裏切られる.mp3
22 第22章54-62イエス、逮捕される　ペトロ、
　　イエスを知らないと言.mp3
23 第22章63-65暴行を受ける.mp3
24 第22章66-71最高法院で裁判を受ける.mp3
25 第23章1-5ピラトから尋問される.mp3
26 第23章6-12ヘロデから尋問される.mp3
27 第23章13-25死刑の判決を受ける.mp3
28 第23章26-43十字架につけられる.mp3
29 第23章44-49イエスの死.mp3
30 第23章50-56a墓に葬られる.mp3
31 第23章56b-24章12復活する.mp3
32 第24章.mp3
33 第24章13-35エマオで現れる.mp3
34 第24章36-49弟子たちに現れる.mp3
35 第24章50-53天に上げられる.mp3

ヨハネによる福音書(1)
01 第01章1-18言が肉となった.mp3
02 第01章19-28洗礼者ヨハネの証し.mp3
03 第01章29-34神の小羊.mp3
04 第01章35-42最初の弟子たち.mp3

05 第01章43-51フィリポとナタナエル、弟子となる.mp3
06 第02章1-12カナでの婚礼.mp3
07 第02章13-22神殿から商人を追い出す.mp3
08 第02章23-25イエスは人間の心を知っておられる.mp3
09 第03章1-21イエスとニコデモ.mp3
10 第03章22-30イエスと洗礼者ヨハネ.mp3
11 第03章31-36天から来られる方.mp3
12 第04章1-42イエスとサマリアの女.mp3
13 第04章43-54役人の息子をいやす.mp3
14 第05章1-18ベトザタの池で病人をいやす.mp3
15 第05章19-30御子の権威.mp3
16 第05章31-47イエスについての証し.mp3
17 第06章1-15五千人に食べ物を与える.mp3
18 第06章16-21湖の上を歩く.mp3
19 第06章22-59イエスは命のパン.mp3
20 第06章60-71永遠の命の言葉.mp3

43ヨハネによる福音書(2)
01 第07章1-9イエスの兄弟たちの不信仰.mp3
02 第07章10-24仮庵祭でのイエス.mp3
03 第07章25-31この人はメシアか.mp3
04 第07章32-36下役たち、イエスの逮捕に向かう.mp3
05 第07章37-39生きた水の流れ.mp3

書　名				書　名			
新共同訳		口語聖書		新共同訳		口語聖書	
章	節	章	節	章	節	章	節
コヘレトの言葉				ホセア書			
4	17	5	1	2	3～25	2	1～23
5	1～19	5	2～20	12	1	11	12
雅歌				12	2～15	12	1～14
7	1	6	13	14	1	13	16
7	2～14	7	1～13	14	2～10	14	1～9
イザヤ書				ヨエル書			
8	23	9	1	3	1～5	2	28～32
9	1～20	9	2～21	4	1～21	3	1～21
63	19	64	1	ヨナ書			
64	1～11	64	2～12	2	1	1	17
エレミヤ書				2	2～11	2	1～10
8	23	9	1	ミカ書			
9	1～25	9	2～26	4	14	5	1
エゼキエル書				5	1～14	5	2～15
21	1～5	20	45～49	ナホム書			
21	6～37	21	1～32	2	1	1	15
ダニエル書				2	2～14	2	1～13
3	31～33	4	1～3	ゼカリヤ書			
4	1～34	4	4～37	1	1～4	1	18～21
6	1	5	31	2	5～17	2	1～13
6	2～29	6	1～28	マラキ書			
ホセア書				3	19～24	4	1～6
2	1～2	1	10～11				

　上記各書のほか「詩編」においても，次の（1）では1節ずつ，（2）では2節ずつ，節数字がずれている。これは新共同訳聖書の底本が「表題」（小さい活字で印刷）を節区分の中に入れているのに対し，口語聖書では「表題」の終わったところから，第1節が始まっているためである。

　（1）　3～9，12～13，18～22，30～31，34，36，38～42，44～49，53，
　　　　55～59，61～65，67～70，75～77，80～81，83～85，88～89，
　　　　92，102，108，140，142
　（2）　51～52，54，60

06 第07章40-44群衆の間に対立が生じる.mp3
07 第07章45-52ユダヤ人指導者たちの不信仰.mp3
08 第07章53-8章11わたしもあなたを罪に
　　定めない.mp3
09 第08章.mp3
10 第08章12-20イエスは世の光.mp3
11 第08章21-30わたしの行く所にあなたたちは来る
　　ことができない.mp3
12 第08章31-38真理はあなたたちを自由にする.mp3
13 第08章39-47反対者たちの父.mp3
14 第08章48-59アブラハムが生まれる前から
　　「わたしはある」.mp3
15 第09章1-12生まれつきの盲人をいやす.mp3
16 第09章13-34ファリサイ派の人々、事情を
　　調べる.mp3
17 第09章35-41ファリサイ派の人々の罪.mp3
18 第10章1-6「羊の囲い」のたとえ.mp3
19 第10章7-21イエスは良い羊飼い.mp3
20 第10章22-42ユダヤ人、イエスを拒絶する.mp3
21 第11章1-16ラザロの死.mp3
22 第11章17-27イエスは復活と命.mp3
23 第11章28-37イエス、涙を流す.mp3
24 第11章38-44イエス、ラザロを生き返らせる.mp3
25 第11章45-57イエスを殺す計画.mp3
26 第12章1-8ベタニアで香油を注がれる.mp3
27 第12章9-11ラザロに対する陰謀.mp3
28 第12章12-19エルサレムに迎えられる.mp3
29 第12章20-26ギリシア人、イエスに会いに来る.mp3
30 第12章27-36a人の子は上げられる.mp3
31 第12章36b-43イエスを信じない者たち.mp3
32 第12章44-50イエスの言葉による裁き.mp3

43ヨハネによる福音書(3)
01 第13章1-20弟子の足を洗う.mp3
02 第13章21-30裏切りの予告.mp3
03 第13章31-35新しい掟.mp3
04 第13章36-38ペトロの離反を予告する.mp3
05 第14章1-14イエスは父に至る道.mp3
06 第14章15-31聖霊を与える約束.mp3
07 第15章1-17イエスはまことのぶどうの木.mp3
08 第15章18-16章4a迫害の予告.mp3
09 第16章.mp3
10 第16章4b-15聖霊の働き.mp3
11 第16章16-24悲しみが喜びに変わる.mp3
12 第16章25-33イエスは既に勝っている.mp3
13 第17章1-26イエスの祈り.mp3

新約聖書における旧約聖書からの引用個所一覧表

この表は、新約聖書中に引用された旧約聖書の個所を、新約聖書の各書ごとに示したものである。(LXX は七十人訳ギリシア語聖書を表す)

マタイによる福音書

1:23a	イザ	7:14 LXX
1:23b	イザ	8:8, 10 LXX
2:6	ミカ	5:1
2:15	ホセ	11:1
2:18	エレ	31:15
3:3	イザ	40:3 LXX
4:4	申	8:3
4:6	詩	91:11-12
4:7	申	6:16
4:10	申	6:13
4:15-16	イザ	8:23〜9:1
5:21	出	20:13
	申	5:17
5:27	出	20:14
	申	5:18
5:31	申	24:1
5:33	レビ	19:12
	民	30:3
5:38	出	21:24
	レビ	24:20
	申	19:21
5:43	レビ	19:18
8:17	イザ	53:4
9:13	ホセ	6:6
10:35-36	ミカ	7:6
11:10	マラ	3:1
12:7	ホセ	6:6
12:18-20	イザ	42:1-3
12:21	イザ	42:4 LXX
12:40	ヨナ	2:1
13:14-15	イザ	6:9-10 LXX
13:35	詩	78:2
15:4a	出	20:12
	申	5:16
15:4b	出	21:17
15:8-9	イザ	29:13 LXX
18:16	申	19:15
19:4	創	1:27
		5:2
19:5	創	2:24
19:7	申	24:1
19:18-19	出	20:12-16
	申	5:16-20
19:19	レビ	19:18
21:5	イザ	62:11
	ゼカ	9:9
21:9	詩	118:25-26
21:13	イザ	56:7
21:16	詩	8:3 LXX
21:42	詩	118:22-23
22:24	申	25:5
22:32	出	3:6, 15
22:37	申	6:5
22:39	レビ	19:18
22:44	詩	110:1
23:39	詩	118:26
24:30	ダニ	7:13

14 第18章1-11裏切られ、逮捕される.mp3
15 第18章12-14イエス、大祭司のもとに連行される.mp3
16 第18章15-18ペトロ、イエスを知らないと言う.mp3
17 第18章19-24大祭司、イエスを尋問する.mp3
18 第18章25-27ペトロ、重ねてイエスを知らないと言う.mp3
19 第18章28-38aピラトから尋問される.mp3
20 第18章38b-19章16a死刑の判決を受ける.mp3
21 第19章.mp3
22 第19章16b-27十字架につけられる.mp3
23 第19章28-30イエスの死.mp3
24 第19章31-37イエスのわき腹を槍で突く.mp3
25 第19章38-42墓に葬られる.mp3
26 第20章1-10復活する.mp3
27 第20章11-18イエス、マグダラのマリアに現れる.mp3
28 第20章19-23イエス、弟子たちに現れる.mp3
29 第20章24-29イエスとトマス.mp3
30 第20章30-31本書の目的.mp3
31 第21章1-14イエス、七人の弟子に現れる.mp3
32 第21章15-19イエスとペトロ.mp3
33 第21章20-25イエスとその愛する弟子.mp3

■CD 6　　44使徒言行録(1)〜66ヨハネの黙示録(2)
44使徒言行録(1)
01 第01章1-2はしがき.mp3
02 第01章3-5約束の聖霊.mp3
03 第01章6-11イエス、天に上げられる.mp3
04 第01章12-26マティアの選出.mp3
05 第02章1-13聖霊が降る.mp3
06 第02章14-42ペトロの説教.mp3
07 第02章43-47信者の生活.mp3
08 第03章1-10ペトロ、足の不自由な男をいやす.mp3
09 第03章11-26ペトロ、神殿で説教する.mp3
10 第04章1-22ペトロとヨハネ、議会で取り調べを受ける.mp3
11 第04章23-31信者たちの祈り.mp3
12 第04章32-37持ち物を共有する.mp3
13 第05章1-11アナニアとサフィラ.mp3
14 第05章12-16使徒たち、多くの奇跡を行う.mp3
15 第05章17-42使徒たちに対する迫害.mp3
16 第06章1-7ステファノたち七人の選出.mp3
17 第06章8-15ステファノの逮捕.mp3
18 第07章1-53ステファノの説教.mp3

26:31	ゼカ	13:7
26:64a	詩	110:1
26:64b	ダニ	7:13
27:9-10	ゼカ	11:12-13
27:46	詩	22:2
マルコによる福音書		
1:2	マラ	3:1
1:3	イザ	40:3 LXX
4:12	イザ	6:9-10 LXX
7:6-7	イザ	29:13 LXX
7:10a	出	20:12
	申	5:16
7:10b	出	21:17
10:4	申	24:1, 3
10:6	創	1:27
		5:2
10:7-8	創	2:24
10:19	出	20:12-16
	申	5:16-20
11:9-10	詩	118:25-26
11:17	イザ	56:7
12:10-11	詩	118:22-23
12:19	申	25:5
12:26	出	3:6, 15
12:29-30	申	6:4-5
12:31	レビ	19:18
12:32a	申	6:4
12:32b	申	4:35
	イザ	45:21
12:33a	申	6:5
12:33b	レビ	19:18
12:36	詩	110:1
13:26	ダニ	7:13
14:27	ゼカ	13:7
14:62a	詩	110:1
14:62b	ダニ	7:13
15:34	詩	22:2

ルカによる福音書		
2:23	出	13:2, 12, 15
2:24	レビ	12:8
3:4-6	イザ	40:3-5 LXX
4:4	申	8:3
4:8	申	6:13
4:10-11	詩	91:11-12
4:12	申	6:16
4:18-19	イザ	61:1-2 LXX
7:27	マラ	3:1
8:10	イザ	6:9 LXX
10:27a	申	6:5
10:27b	レビ	19:18
13:35	詩	118:26
18:20	出	20:12-16
	申	5:16-20
19:38	詩	118:26
19:46	イザ	56:7
20:17	詩	118:22
20:28	申	25:5
20:37	出	3:6
20:42-43	詩	110:1
21:27	ダニ	7:13
22:37	イザ	53:12
22:69	詩	110:1
23:30	ホセ	10:8
23:46	詩	31:6
ヨハネによる福音書		
1:23	イザ	40:3 LXX
2:17	詩	69:10
6:31	詩	78:24
6:45	イザ	54:13
10:34	詩	82:6
12:13	詩	118:25-26
12:15	ゼカ	9:9
12:38	イザ	53:1 LXX

19 第07章54-8章1aステファノの殉教.mp3
20 第08章.mp3
21 第08章1b-3エルサレムの教会に対する迫害.mp3
22 第08章4-25サマリアで福音が告げ知らされる.mp3
23 第08章26-40フィリポとエチオピアの高官.mp3
24 第09章1-19aサウロの回心.mp3
25 第09章19b-22サウロ、ダマスコで福音を告げ知らせる.mp3
26 第09章23-25サウロ、命をねらう者たちの手から逃れる.mp3
27 第09章26-31サウロ、エルサレムで使徒たちと会う.mp3
28 第09章32-35ペトロ、アイネアをいやす.mp3
29 第09章36-43ペトロ、タビタを生き返らせる.mp3

44使徒言行録(2)
01 第10章1-8コルネリウス、カイサリアで幻を見る.mp3
02 第10章9-33ペトロ、ヤッファで幻を見る.mp3
03 第10章34-43ペトロ、コルネリウスの家で福音を告げる.mp3
04 第10章44-48異邦人も聖霊を受ける.mp3
05 第11章1-18ペトロ、エルサレムの教会に報告する.mp3
06 第11章19-30アンティオキアの教会.mp3
07 第12章1-5ヤコブの殺害とペトロの投獄.mp3
08 第12章6-19ペトロ、牢から救い出される.mp3
09 第12章20-25ヘロデ王の急死.mp3
10 第13章1-3バルナバとサウロ、宣教旅行に出発する.mp3
11 第13章4-12キプロス宣教.mp3
12 第13章13-52ピシディア州のアンティオキアで.mp3
13 第14章1-7イコニオンで.mp3
14 第14章8-20リストラで.mp3
15 第14章21-28パウロたち、シリア州のアンティオキアに戻る.mp3
16 第15章1-21エルサレムの使徒会議.mp3
17 第15章22-35使徒会議の決議.mp3
18 第15章36-41パウロ、バルナバとは別に宣教を開始する.mp3
19 第16章1-5テモテ、パウロに同行する.mp3
20 第16章6-10マケドニア人の幻.mp3
21 第16章11-15フィリピで.mp3
22 第16章16-40パウロたち、投獄される.mp3
23 第17章1-9テサロニケでの騒動.mp3
24 第17章10-15ベレアで.mp3
25 第17章16-34アテネで.mp3

12:40	イザ	6:10 LXX
13:18	詩	41:10
15:25	詩	35:19
		69:5
19:24	詩	22:19
19:36	出	12:46
	民	9:12
19:37	ゼカ	12:10

使徒言行録

1:20a	詩	69:26
1:20b	詩	109:8
2:17-21	ヨエ	3:1-5 LXX
2:25-28	詩	16:8-11 LXX
2:30	詩	132:11
2:31	詩	16:10
2:34-35	詩	110:1
3:13	出	3:6, 15
3:22	申	18:15-16
3:23a	申	18:19
3:23b	レビ	23:29
3:25	創	22:18
		26:4
4:11	詩	118:22
4:25-26	詩	2:1-2 LXX
7:3	創	12:1
7:5	創	17:8
		48:4
7:6-7	創	15:13-14
7:7	出	3:12
7:18	出	1:8
7:27-28	出	2:14
7:30	出	3:2
7:32	出	3:6
7:33	出	3:5
7:34	出	3:7, 8, 10
7:35	出	2:14
7:37	申	18:15
7:40	出	32:1, 23
7:42-43	アモ	5:25-27 LXX
7:49-50	イザ	66:1-2
8:32-33	イザ	53:7-8 LXX
13:22a	詩	89:21
13:22b	サム上	13:14
13:33	詩	2:7
13:35	イザ	55:3 LXX
	詩	16:10 LXX
13:41	ハバ	1:5 LXX
13:47	イザ	49:6
15:16-17	アモ	9:11-12
23:5	出	22:27
28:26-27	イザ	6:9-10 LXX

ローマの信徒への手紙

1:17	ハバ	2:4
2:24	イザ	52:5 LXX
3:4	詩	51:6 LXX
3:10-12	詩	14:1-3
		(=53:2-4)
3:13a	詩	5:10 LXX
3:13b	詩	140:4 LXX
3:14	詩	10:7 LXX
3:15-17	イザ	59:7-8
3:18	詩	36:2
4:3	創	15:6
4:7-8	詩	32:1-2
4:9	創	15:6
4:17	創	17:5
4:18a	創	17:5
4:18b	創	15:5
4:22	創	15:6
7:7	出	20:17
	申	5:21
8:36	詩	44:23
9:7	創	21:12
9:9	創	18:10, 14

26 第18章1-17コリントで.mp3
27 第18章18-23パウロ、アンティオキアに戻る.mp3
28 第18章24-28アポロ、エフェソで宣教する.mp3

■4使徒言行録(3)
01 第19章1-10エフェソで.mp3
02 第19章11-20ユダヤ人の祈祷師たち.mp3
03 第19章21-40エフェソでの騒動.mp3
04 第20章1-6パウロ、マケドニア州とギリシアに行く.mp3
05 第20章7-12パウロ、若者を生き返らせる.mp3
06 第20章13-16トロアスからミレトスまでの船旅.mp3
07 第20章17-38エフェソの長老たちに別れを告げる.mp3
08 第21章1-16パウロ、エルサレムへ行く.mp3
09 第21章17-26パウロ、ヤコブを訪ねる.mp3
10 第21章27-36パウロ、神殿の境内で逮捕される.mp3
11 第21章37-22章5パウロ、弁明する.mp3
12 第22章.mp3
13 第22章6-16パウロ、自分の回心を話す.mp3
14 第22章17-21パウロ、異邦人のための宣教者となる.mp3
15 第22章22-29パウロと千人隊長.mp3
16 第22章30-23章11パウロ、最高法院で取り調べを受ける.mp3

17 第23章.mp3
18 第23章12-22パウロ暗殺の陰謀.mp3
19 第23章23-35パウロ、総督フェリクスのもとへ護送される.mp3
20 第24章1-9パウロ、フェリクスの前で訴えられる.mp3
21 第24章10-23パウロ、フェリクスの前で弁明する.mp3
22 第24章24-27パウロ、カイサリアで監禁される.mp3
23 第25章1-12パウロ、皇帝に上訴する.mp3
24 第25章13-27パウロ、アグリッパ王の前に引き出される.mp3
25 第26章1-11パウロ、アグリッパ王の前で弁明する.mp3
26 第26章12-18パウロ、自分の回心を語る.mp3
27 第26章19-23パウロの宣教の内容.mp3
28 第26章24-32パウロ、アグリッパ王に信仰を勧める.mp3
29 第27章1-12パウロ、ローマへ向かって船出する.mp3
30 第27章13-38暴風に襲われる.mp3
31 第27章39-44難破する.mp3
32 第28章1-10マルタ島で.mp3
33 第28章11-16ローマ到着.mp3
34 第28章17-31パウロ、ローマで宣教する.mp3

9:12	創	25:23	15:9	詩	18:50
9:13	マラ	1:2-3			(＝サム下 22:50)
9:15	出	33:19	15:10	申	32:43
9:17	出	9:16 LXX	15:11	詩	117:1
9:25	ホセ	2:25	15:12	イザ	11:10 LXX
9:26	ホセ	2:1	15:21	イザ	52:15 LXX
9:27-28	イザ	10:22-23 LXX	**コリントの信徒への手紙 1**		
9:29	イザ	1:9 LXX	1:19	イザ	29:14 LXX
9:33	イザ	8:14	1:31	エレ	9:23
		28:16 LXX	2:9	イザ	64:3
10:5	レビ	18:5	2:16	イザ	40:13 LXX
10:6	申	9:4	3:19	ヨブ	5:13
10:6-8	申	30:12-14	3:20	詩	94:11
10:11	イザ	28:16 LXX	5:13	申	17:7 LXX
10:13	ヨエ	3:5	6:16	創	2:24
10:15	イザ	52:7	9:9	申	25:4
10:16	イザ	53:1 LXX	10:7	出	32:6
10:18	詩	19:5 LXX	10:26	詩	24:1
10:19	申	32:21	14:21	イザ	28:11-12
10:20	イザ	65:1 LXX	15:27	詩	8:7
10:21	イザ	65:2 LXX	15:32	イザ	22:13
11:3	王上	19:10, 14	15:45	創	2:7
11:4	王上	19:18	15:54	イザ	25:8
11:8	申	29:3	15:55	ホセ	13:14 LXX
	イザ	29:10			
11:9-10	詩	69:23-24 LXX	**コリントの信徒への手紙 2**		
11:26-27a	イザ	59:20-21 LXX	4:13	詩	116:10 LXX
11:27b	イザ	27:9 LXX	6:2	イザ	49:8
11:34	イザ	40:13 LXX	6:16	レビ	26:12
11:35	ヨブ	41:3		エゼ	37:27
12:19	申	32:35	6:17a	イザ	52:11
12:20	箴	25:21-22 LXX	6:17b	エゼ	20:34
13:9a	出	20:13-15, 17	6:18	サム下	7:8, 14
	申	5:17-19, 21	8:15	出	16:18
13:9b	レビ	19:18	9:9	詩	112:9
14:11a	イザ	49:18	10:17	エレ	9:23
14:11b	イザ	45:23 LXX	13:1	申	19:15
15:3	詩	69:10			

53

45 ローマの信徒への手紙(1)
- 01 第01章1-7挨拶.mp3
- 02 第01章8-15ローマ訪問の願い.mp3
- 03 第01章16-17福音の力.mp3
- 04 第01章18-32人類の罪.mp3
- 05 第02章1-16神の正しい裁き.mp3
- 06 第02章17-29ユダヤ人と律法.mp3
- 07 第03章1-8.mp3
- 08 第03章9-20正しい者は一人もいない.mp3
- 09 第03章21-31信仰による義.mp3
- 10 第04章1-12アブラハムの模範.mp3
- 11 第04章13-25信仰によって実現される約束.mp3
- 12 第05章1-11信仰によって義とされて.mp3
- 13 第05章12-21アダムとキリスト.mp3
- 14 第06章1-14罪に死に、キリストに生きる.mp3
- 15 第06章15-23義の奴隷.mp3
- 16 第07章1-6結婚の比喩.mp3
- 17 第07章7-25内在する罪の問題.mp3
- 18 第08章1-17霊による命.mp3
- 19 第08章18-30将来の栄光.mp3
- 20 第08章31-39神の愛.mp3

45 ローマの信徒への手紙(2)
- 01 第09章1-18イスラエルの選び.mp3
- 02 第09章19-29神の怒りと憐れみ.mp3
- 03 第9章30-33イスラエルと福音.mp3
- 04 第10章1-4.mp3
- 05 第10章5-21万人の救い.mp3
- 06 第11章1-10イスラエルの残りの者.mp3
- 07 第11章11-24異邦人の救い.mp3
- 08 第11章25-36イスラエルの再興.mp3
- 09 第12章1-8キリストにおける新しい生活.mp3
- 10 第12章9-21キリスト教的生活の規範.mp3
- 11 第13章1-7支配者への従順.mp3
- 12 第13章8-10隣人愛.mp3
- 13 第13章11-14救いは近づいている.mp3
- 14 第14章1-12兄弟を裁いてはならない.mp3
- 15 第14章13-23兄弟を罪に誘ってはならない.mp3
- 16 第15章1-6自分ではなく隣人を喜ばせる.mp3
- 17 第15章7-13福音はユダヤ人と異邦人のためにある.mp3
- 18 第15章14-21宣教者パウロの使命.mp3
- 19 第15章22-33ローマ訪問の計画.mp3
- 20 第16章1-23個人的な挨拶.mp3
- 21 第16章25-27神への賛美.mp3

ガラテヤの信徒への手紙

3:6	創	15:6
3:8	創	12:3
		18:18
3:10	申	27:26 LXX
3:11	ハバ	2:4
3:12	レビ	18:5
3:13	申	21:23
3:16	創	12:7
4:27	イザ	54:1
4:30	創	21:10
5:14	レビ	19:18

エフェソの信徒への手紙

4:8	詩	68:19
4:25	ゼカ	8:16
4:26	詩	4:5 LXX
5:31	創	2:24
6:2-3	出	20:12
	申	5:16

テモテへの手紙 1

5:18	申	25:4

テモテへの手紙 2

2:19	民	16:5

ヘブライ人への手紙

1:5a	詩	2:7
1:5b	サム下	7:14
1:6	申	32:43 LXX
1:7	詩	104:4 LXX
1:8-9	詩	45:7-8
1:10-12	詩	102:26-28 LXX
1:13	詩	110:1
2:6-8	詩	8:5-7 LXX
2:12	詩	22:23
2:13a	イザ	8:17 LXX
2:13b	イザ	8:18
3:7-11	詩	95:7-11
3:15	詩	95:7-8 LXX
4:3, 5	詩	95:11
4:4	創	2:2
4:7	詩	95:7-8 LXX
5:5	詩	2:7
5:6	詩	110:4
6:13-14	創	22:16-17
7:1-2	創	14:17-20
7:17, 21	詩	110:4
8:5	出	25:40
8:8-12	エレ	31:31-34
9:20	出	24:8
10:5-7	詩	40:7-9
10:16-17	エレ	31:33-34
10:30	申	32:35-36
10:37-38	ハバ	2:3-4 LXX
11:5	創	5:24 LXX
11:18	創	21:12
11:21	創	47:31 LXX
12:5-6	箴	3:11-12 LXX
12:20	出	19:12-13
12:21	申	9:19
12:26	ハガ	2:6 LXX
13:5	申	31:6, 8
13:6	詩	118:6 LXX

ヤコブの手紙

2:8	レビ	19:18
2:11	出	20:13-14
	申	5:17-18
2:23	創	15:6
4:6	箴	3:34 LXX

ペトロの手紙 1

1:16	レビ	19:2

コリントの信徒への手紙一(1)
01 第01章1-9挨拶と感謝.mp3
02 第01章10-17一致の勧め.mp3
03 第01章18-31神の力、神の知恵であるキリスト.mp3
04 第02章1-5十字架につけられたキリストを宣べ
　　伝える.mp3
05 第02章6-16神の霊による啓示.mp3
06 第03章1-23神のために力を合わせて働く.mp3
07 第04章1-21使徒の使命.mp3
08 第05章1-13不道徳な人々との交際.mp3
09 第06章1-11信仰のない人々に訴え出てはならない.mp3
10 第06章12-20聖霊の住まいである体.mp3
11 第07章1-16結婚について.mp3
12 第07章17-24主が定めた生き方.mp3
13 第07章25-40未婚の人たちとやもめ.mp3
14 第08章1-13偶像に供えられた肉.mp3
15 第09章1-27使徒の権利.mp3
16 第10章1-22偶像への礼拝に対する警告.mp3
17 第10章23-11章1すべてを神の栄光のために.mp3
18 第11章.mp3
19 第11章2-16礼拝でのかぶり物.mp3
20 第11章17-22主の晩餐についての指示.mp3
21 第11章23-26主の晩餐の制定.mp3
22 第11章27-34主の晩餐にあずかるには.mp3
23 第12章1-11霊的な賜物.mp3
24 第12章12-31a一つの体、多くの部分.mp3
25 第12章31b-13章13愛.mp3
26 第13章.mp3
27 第14章1-25異言と預言.mp3
28 第14章26-40集会の秩序.mp3

46コリントの信徒への手紙一(2)、47コリント二
01 １コリ第15章1-11キリストの復活.mp3
02 １コリ第15章12-34死者の復活.mp3
03 １コリ第15章35-58復活の体.mp3
04 １コリ第16章1-4エルサレム教会の信徒のための
　　募金.mp3
05 １コリ第16章5-12旅行の計画.mp3
06 １コリ第16章13-24結びの言葉.mp3
07 ２コリ第01章1-2挨拶.mp3
08 ２コリ第01章3-11苦難と感謝.mp3
09 ２コリ第01章12-2章4コリント訪問の延期.mp3
10 ２コリ第02章.mp3
11 ２コリ第02章5-11違反者を赦す.mp3
12 ２コリ第02章12-17パウロの不安と安心.mp3

1:24-25	イザ	40:6-8
2:6	イザ	28:16 LXX
2:7	詩	118:22
2:8	イザ	8:14
2:9a	イザ	43:20 LXX
2:9b	出	19:6 LXX
2:9c	イザ	43:21 LXX
2:22	イザ	53:9
3:10-12	詩	34:13-17
4:18	箴	11:31 LXX
5:5	箴	3:34 LXX

ペトロの手紙　2
| 2:22 | 箴 | 26:11 |

- 13　２コリ第03章1-18新しい契約の奉仕者.mp3
- 14　２コリ第04章1-15土の器に納めた宝.mp3
- 15　２コリ第04章16-18信仰に生きる.mp3
- 16　２コリ第05章1-10.mp3
- 17　２コリ第05章11-21和解させる任務.mp3
- 18　２コリ第06章1-13.mp3
- 19　２コリ第06章14-18生ける神の神殿.mp3
- 20　２コリ第07章1.mp3
- 21　２コリ第07章2-16教会の悔い改めを喜ぶ.mp3
- 22　２コリ第08章1-15自発的な施し.mp3
- 23　２コリ第08章16-24諸教会からの使者.mp3
- 24　２コリ第09章1-15エルサレムの信徒のための献金.mp3
- 25　２コリ第10章1-18パウロの誇り.mp3
- 26　２コリ第11章1-15偽使徒たち.mp3
- 27　２コリ第11章16-33使徒としてのパウロの労苦.mp3
- 28　２コリ第12章1-10主から示された事.mp3
- 29　２コリ第12章11-21コリントの教会に対するパウロの心遣い.mp3
- 30　２コリ第13章1-13結びの言葉.mp3

48ガラテヤの信徒への手紙、49エフェソ
- 01　ガラ第01章1-5挨拶.mp3
- 02　ガラ第01章6-10ほかの福音はない.mp3
- 03　ガラ第01章11-24パウロが使徒として選ばれた次第.mp3
- 04　ガラ第02章1-10使徒たち、パウロを受け入れる.m
- 05　ガラ第02章11-14パウロ、ペトロを非難する.m
- 06　ガラ第02章15-21すべての人は信仰によって義とされる.mp3
- 07　ガラ第03章1-14律法によるか、信仰によるか.m
- 08　ガラ第03章15-20律法と約束.mp3
- 09　ガラ第03章21-29奴隷ではなく神の子である.m
- 10　ガラ第04章1-7.mp3
- 11　ガラ第04章8-20キリストがあなたの内に形づくれるまで.mp3
- 12　ガラ第04章21-31二人の女のたとえ.mp3
- 13　ガラ第05章1.mp3
- 14　ガラ第05章2-15キリスト者の自由.mp3
- 15　ガラ第05章16-26霊の実と肉の業.mp3
- 16　ガラ第06章1-10信仰に基づいた助け合い.mp3
- 17　ガラ第06章11-18結びの言葉.mp3
- 18　エフェ第01章1-2挨拶.mp3
- 19　エフェ第01章3-14神の恵みはキリストにおいて満ちあふれる.mp3
- 20　エフェ第01章15-23パウロの祈り.mp3
- 21　エフェ第02章1-10死から命へ.mp3

度量衡および通貨

　　本聖書では、長さ、広さ、重さ、容量、通貨などの単位を、原則として、原語の発音に近いままの形で表記している。以下の表は、これら各単位についてのおよその量ないし額を知る手がかりとして、メートル法換算の概数ないし、他の単位との間の比率を示したものである。なお配列は、五十音順によった。

単位	種類	概数ないし関係比率
アサリオン	新約・通貨	ローマの青銅貨で、1デナリオンの1/16
アンマ	旧約・長さ	ひじから中指の先までの長さで、約45㎝（従来訳の"キュビト"に相当）（注1）
エファ	旧約・固体の容量	約23ℓ
オメル	旧約・固体の容量	1エファの1/10、約2.3ℓ
オルギィア	新約・長さ	約1.85m
カブ	旧約・固体の容量	1エファの1/18、約1.3ℓ
キカル	旧約・重さ	約34.2kg
クァドランス	新約・通貨	ローマの青銅貨で、1デナリオンの1/64
ケシタ	旧約・重さ	交易に用いた単位で、重さは不明。
ゲラ	旧約・重さ	1シェケルの1/20、約0.6g
コイニクス	新約・容量	約1.1ℓ
ゴメド	旧約・長さ	長さは不明
コル	旧約・液体の容量	ホメルと同量、約230ℓ（注2）
コロス	新約・固体の容量	約230ℓ（従来訳の「石（こく）」に相当）

22 エフェ第02章11-22キリストにおいて一つとなる.mp3
23 エフェ第03章1-13異邦人のためのパウロの働き.mp3
24 エフェ第03章14-21キリストの愛を知る.mp3
25 エフェ第04章1-16キリストの体は一つ.mp3
26 エフェ第04章17-24古い生き方を捨てる.mp3
27 エフェ第04章25-5章5新しい生き方.mp3
28 エフェ第05章.mp3
29 エフェ第05章6-20光の子として生きる.mp3
30 エフェ第05章21-33妻と夫.mp3
31 エフェ第06章1-4子と親.mp3
32 エフェ第06章5-9奴隷と主人.mp3
33 エフェ第06章10-20悪と戦え.mp3
34 エフェ第06章21-24結びの言葉.mp3

フィリピの信徒への手紙51コロサイ52テサロニケー53二

01 フィリ第01章1-2挨拶.mp3
02 フィリ第01章3-11フィリピの信徒のための祈り.mp3
03 フィリ第01章12-30わたしにとって、生きるとはキリスト.mp3
04 フィリ第02章1-11キリストを模範とせよ.mp3
05 フィリ第02章12-18共に喜ぶ.mp3
06 フィリ第02章19-30テモテとエパフロディトを送る.mp3
07 フィリ第03章1-11キリストを信じるとは.mp3
08 フィリ第03章12-21目標を目指して.mp3
09 フィリ第04章1.mp3
10 フィリ第04章2-9勧めの言葉.mp3
11 フィリ第04章10-20贈り物への感謝.mp3
12 フィリ第04章21-23結びの言葉.mp3
13 コロ第01章1-2挨拶.mp3
14 コロ第01章3-8神への感謝.mp3
15 コロ第01章9-23御子キリストによる創造と和解.mp3
16 コロ第01章24-29パウロに与えられた務め.mp3
17 コロ第02章1-5.mp3
18 コロ第02章6-19キリストに結ばれた生活.mp3
19 コロ第02章20-23日々新たにされて.mp3
20 コロ第03章1-17.mp3
21 コロ第03章18-4章1家族に対して.mp3
22 コロ第04章.mp3
23 コロ第04章2-6勧めの言葉.mp3
24 コロ第04章7-18結びの言葉.mp3
25 １テサ第01章1挨拶.mp3
26 １テサ第01章2-10主に倣う者.mp3
27 １テサ第02章1-16テサロニケでのパウロの宣教.mp3
28 １テサ第02章17-20テサロニケ再訪の願い.mp3

単位	種類	概数ないし関係比率
サトン	新約・容量	約12.8ℓ
シェケル	旧約・重さ	発見されている分銅の平均値では約11.4g。
シェケル銀貨	旧約・通貨	もともとはペルシアの銀貨で，重さ約5.6g。ダリク金貨の1/20に相当。
スコイノス	続編・長さ	約5.5km
スタディオン	新約・長さ	約185m，ミリオンの1/8
セア	旧約・固体の容量	1エファの1/3，約7.7ℓ
ゼレト	旧約・長さ	手を広げたときの親指の先から，小指の先までの長さで，約22.5cm。1アンマの1/2。（注1）
タラントン	新約,続編・通貨	ギリシアで用いた計算用の単位で，6,000ドラクメに相当。
ダリク金貨	旧約・通貨	前6世紀以来，ペルシア帝国の金貨で重さ約8.4g。
樽（たる）	続編・液体の容量	約39ℓ
ツェメド	旧約・広さ	軛でつないだ1組の牛が1日に耕作する土地の広さで，約2,500平方メートル。
デナリオン	新約・通貨	ローマの銀貨で，1デナリオンは，1ドラクメと等価。（1日の賃金に当たる。）
トファ	旧約・長さ	指4本の幅で，アンマの1/6，約7.5cm。
ドラクメ	新約・通貨	ギリシアの銀貨で，重さ約4.3g，デナリオンと等価。
バト	旧約・液体の容量	1コルの1/10，約23ℓ
バトス	新約・液体の容量	約23ℓ，旧約のバトに相当。
ピム	旧約・重さ	1シェケルの2/3，約7.6gの重さで，交易の単位であった。

29　1テサ第03章1-13.mp3
30　1テサ第04章1-12神に喜ばれる生活.mp3
31　1テサ第04章13-18主は来られる.mp3
32　1テサ第05章1-11.mp3
33　1テサ第05章12-28結びの言葉.mp3
34　2テサ第01章1-2挨拶.mp3
35　2テサ第01章3-12キリスト来臨と裁き.mp3
36　2テサ第02章1-12不法の者についての警告.mp3
37　2テサ第02章13-17救いに選ばれた者の生き方.mp3
38　2テサ第03章1-5わたしたちのために祈ってください.mp3
39　2テサ第03章6-15怠惰な生活を戒める.mp3
40　2テサ第03章16-18結びの言葉.mp3

54テモテへの手紙一55二56テトス57フィレモン
01　1テモ第01章1-2挨拶.mp3
02　1テモ第01章3-11異なる教えについての警告.mp3
03　1テモ第01章12-20神の憐れみに対する感謝.mp3
04　1テモ第02章1-3章1a祈りに関する教え.mp3
05　1テモ第02章.mp3
06　1テモ第03章1b-7監督の資格.mp3
07　1テモ第03章8-13奉仕者の資格.mp3
08　1テモ第03章14-16信心の秘められた真理.mp3
09　1テモ第04章1-5背教の予告.mp3
10　1テモ第04章6-16キリスト・イエスの立派な奉仕者.mp3
11　1テモ第05章1-25教会の人々に対して.mp3
12　1テモ第06章1-2a.mp3
13　1テモ第06章2b-10大きな利得.mp3
14　1テモ第06章11-21信仰の戦い.mp3
15　2テモ第01章1-2挨拶.mp3
16　2テモ第01章3-18ゆだねられているものを守る.mp3
17　2テモ第02章1-13キリスト・イエスの兵士として.mp3
18　2テモ第02章14-26適格者と認められた働き手.mp3
19　2テモ第03章1-9終わりの時の人々の有様.mp3
20　2テモ第03章10-17最後の勧め.mp3
21　2テモ第04章1-8.mp3
22　2テモ第04章9-18個人的指示.mp3
23　2テモ第04章19-22結びの言葉.mp3
24　テト第01章1-4挨拶.mp3
25　テト第01章5-16クレタでのテトスの仕事.mp3
26　テト第02章1-15健全な教え.mp3
27　テト第03章1-11善い行いの勧め.mp3

単　位	種　類	概数ないし関係比率
ヒン	旧約・液体の容量	1バトの1/6，約3.8ℓ
ベカ	旧約・重さ	1シェケルの1/2，約5.7g
ペキス	新約・長さ	約45cm，旧約の1アンマに等しい。
ホメル	旧約・固体の容量	約230ℓ（注2）
升（ます）	続編・容量	約56ℓ
マネ	旧約・重さ	1シェケルの50倍の重さで約570g（注3）
ミリオン	新約・長さ	約1,480m
ムナ	新約・通貨	ギリシアの銀貨で，1ムナは100ドラクメに相当。
メトレテス	新約・液体の容量	約39ℓ
指（ゆび）	旧約・長さ	指の幅，約1.9cm
レテク	旧約・固体の容量	1ホメルの1/2，約115ℓ
リトラ	新約・重さ	約326g
レプトン	新約・通貨	最小の銅貨で，1デナリオンの1/128
ログ	旧約・液体の容量	約0.3ℓ，1バトの1/72

（注1）「アンマ」と「ゼレト」はエゼキエル書に限り（**40：5，43：13，17**参照），それぞれ約52.5cmと26.25cm。

（注2）「コル」「ホメル」は旧約の容量の基準であったが，長い旧約時代を通じ，いつも一定の単位が同じ容量を示すものとして用いられたわけではない。1ホメルは最近の研究では，200ℓと400ℓの間で変化していたとする説があるが，ここでは他の同系単位の量を示すための便宜上約230ℓとした。

（注3）エゼ**45：12**の1マネは1シェケルの60倍で約684g。

- 28 テト第03章12-15結びの言葉.mp3
- 29 フィレ1-3挨拶.mp3
- 30 フィレ4-7フィレモンの愛と信仰.mp3
- 31 フィレ8-22パウロ、オネシモのために執り成す.mp3
- 32 フィレ23-25結びの言葉.mp3

ヘブライ人への手紙

- 01 第01章1-4神は御子によって語られた.mp3
- 02 第01章5-14御子は天使にまさる.mp3
- 03 第02章1-4大いなる救い.mp3
- 04 第02章5-18救いの創始者.mp3
- 05 第03章1-6イエスはモーセにまさる.mp3
- 06 第03章7-19神の民の安息.mp3
- 07 第04章1-13.mp3
- 08 第04章14-16偉大な大祭司イエス.mp3
- 09 第05章1-10.mp3
- 10 第05章11-14一人前のキリスト者の生活.mp3
- 11 第06章1-12.mp3
- 12 第06章13-20神の確かな約束.mp3
- 13 第07章1-28メルキゼデクの祭司職.mp3
- 14 第08章1-13新しい、優れた約束の大祭司.mp3
- 15 第09章1-22地上の聖所と天の聖所.mp3
- 16 第09章23-28罪を贖う唯一のいけにえ.mp3
- 17 第10章1-18.mp3
- 18 第10章19-39奨励と勧告.mp3
- 19 第11章1-40信仰.mp3
- 20 第12章1-13主による鍛錬.mp3
- 21 第12章14-29キリスト者にふさわしい生活の勧告.mp3
- 22 第13章1-19神に喜ばれる奉仕.mp3
- 23 第13章20-25結びの言葉.mp3

59ヤコブの手紙、60ペトロ一、61ペトロ二

- 01 ヤコ第01章1挨拶.mp3
- 02 ヤコ第01章2-8信仰と知恵.mp3
- 03 ヤコ第01章9-11貧しい者と富んでいる者.mp3
- 04 ヤコ第01章12-18試練と誘惑.mp3
- 05 ヤコ第01章19-27神の言葉を聞いて実践する.mp3
- 06 ヤコ第02章1-13人を分け隔てしてはならない.mp3
- 07 ヤコ第02章14-26行いを欠く信仰は死んだもの.mp3
- 08 ヤコ第03章1-12舌を制御する.mp3
- 09 ヤコ第03章13-18上からの知恵.mp3
- 10 ヤコ第04章1-10神に服従しなさい.mp3
- 11 ヤコ第04章11-12兄弟を裁くな.mp3
- 12 ヤコ第04章13-17誇り高ぶるな.mp3
- 13 ヤコ第05章1-6富んでいる人たちに対して.mp3

項目別簡易索引

旧　約

天地創造	創	1: 1〜 2: 4
アダムとエバ	創	2: 7〜 3:24
カインとアベル	創	4: 1〜 16
ノアの箱舟、洪水	創	6: 1〜 9:17
バベルの塔	創	11: 1〜 9
アブラハム（アブラム）の生涯	創	12: 1〜25:11
ヤコブとエサウ	創	25:19〜33:20
ヨセフ物語	創	37: 1〜50:26
モーセ物語（出エジプトと十戒）	（出 1〜40章）	
モーセの生い立ち	出	1:22〜 2:10
モーセの召命	出	3: 1〜 4:17
海を分ける	出	14: 1〜 31
マナ	出	16: 1〜 36
十戒	出	20: 1〜 21
目には目、歯には歯	出	21:24
人はパンのみにて生くる者にあらず	申 8: 3	マタ 4: 4
ギデオン、三百人を選ぶ	士	7: 1〜 7:25
サムソンとデリラ	士	13: 1〜16:31
ダビデとゴリアト	サム上17: 1〜 58	
ソロモンの知恵	王上 3: 1〜 28	
エリヤ	王上17: 1〜19:21	
ダニエルと獅子の洞窟	ダニ 6: 1〜 29	
魚にのまれたヨナ	ヨナ 1: 1〜 2:11	

新　約

イエスの誕生・クリスマス物語	マタ 1:18〜 2:23	ルカ 1:26〜 2:40
山上の説教（垂訓）	マタ 5: 1〜 7:29	（マルコ、ルカについてはマタイ本文小見出し参照）
だれかが右の頬を打つなら、左の頬をも向けなさい	マタ 5:39	ルカ 6:29
敵を愛し、自分を迫害する者のために祈れ	マタ 5:44	ルカ 6:27
豚に真珠	マタ 7: 6	
求めよさらば与えられん	マタ 7: 7, 8	ルカ11: 9, 10
狭き門より入れ	マタ 7:13, 14	ルカ13:24
笛吹けど踊らず	マタ11:16, 17	ルカ 7:31, 32
ザアカイ	ルカ19: 1〜 10	
イエスの受難、十字架と復活、昇天	マタ26: 1〜28:20　マコ14: 1〜16:20　ルカ22: 1〜24:53　ヨハ11:45〜57, 13: 1〜30, 18: 1〜21:25　使 1: 3〜 11	
ステファノの殉教	使 7:54〜 8: 1	
パウロ（サウロ）の回心	使 9: 1〜 22	
目からうろこが落ちる	使 9:18	
受けるよりは与える方が幸いである	使 20:35	
喜ぶ人と共に喜ぶ	ロマ12:15	
愛はいつまでも絶ゆることなし	1コリ 13: 8	
働かざる者食うべからず	2テサ 3:10	

聖書中の代表的な物語、格言の源となった個所を選んだが、紙面の都合上限定的なものにとどめた。
また、聖書本文表記と異なる慣用的表現はゴシック書体にて表記した。

14 ヤコ第05章7-20忍耐と祈り.mp3
15 １ペト第01章1-2挨拶.mp3
16 １ペト第01章3-12生き生きとした希望.mp3
17 １ペト第01章13-25聖なる生活をしよう.mp3
18 １ペト第02章1-10生きた石、聖なる国民.mp3
19 １ペト第02章11-17神の僕として生きよ.mp3
20 １ペト第02章18-25召し使いたちへの勧め.mp3
21 １ペト第03章1-7妻と夫.mp3
22 １ペト第03章8-22正しいことのために苦しむ.mp3
23 １ペト第04章1-11神の恵みの善い管理者.mp3
24 １ペト第04章12-19キリスト者として苦しみを受ける.mp3
25 １ペト第05章1-11長老たちへの勧め.mp3
26 １ペト第05章12-14結びの言葉.mp3
27 ２ペト第01章1-2挨拶.mp3
28 ２ペト第01章3-15神のすばらしい約束.mp3
29 ２ペト第01章16-21キリストの栄光、預言の言葉.mp3
30 ２ペト第02章1-22偽教師についての警告.mp3
31 ２ペト第03章1-18主の来臨の約束.mp3

62ヨハネの手紙一、63二、64三、65ユダの手紙
01 １ヨハ第01章1-4命の言.mp3
02 １ヨハ第01章5-10神は光.mp3
03 １ヨハ第02章1-6弁護者キリスト.mp3
04 １ヨハ第02章7-17新しい掟.mp3
05 １ヨハ第02章18-27反キリスト.mp3
06 １ヨハ第02章28-3章10神の子たち.mp3
07 １ヨハ第03章.mp3
08 １ヨハ第03章11-18互いに愛し合いなさい.mp3
09 １ヨハ第03章19-24神への信頼.mp3
10 １ヨハ第04章1-6偽りの霊と真実の霊.mp3
11 １ヨハ第04章7-21神は愛.mp3
12 １ヨハ第05章1-5悪の世に打ち勝つ信仰.mp3
13 １ヨハ第05章6-12イエス・キリストについての証し.mp3
14 １ヨハ第05章13-21永遠の命.mp3
15 ２ヨハ1-3挨拶.mp3
16 ２ヨハ4-11真理と愛.mp3
17 ２ヨハ12-13結びの言葉.mp3
18 ３ヨハ1-4挨拶.mp3
19 ３ヨハ5-12善を行う者、悪を行う者.mp3
20 ３ヨハ13-15結びの言葉.mp3
21 ユダ1-2挨拶.mp3
22 ユダ3-16偽教師についての警告.mp3
23 ユダ17-23警告と励まし.mp3

聖書歴史年代表

原初史	原初史における出来事	
	創造	
	エデンの園におけるアダムとエバ	
	ノアと大洪水	
	バベルの塔	
紀元前2000年	イスラエル人の先祖	
	アブラハム、メソポタミアよりカナンに来る　1900年頃	
	アブラハムに息子イサク生まれる	
	イサクに息子ヤコブ生まれる	
1800年	ヤコブに12人の息子生まれる。彼らは後のイスラエル12部族の先祖となる。12人のうちの一人ヨセフ、エジプト人に売られた後エジプト王の宰相になる	
	エジプトにおけるイスラエル人	
	ヤコブの子孫、エジプト人王の奴隷となる　1700年頃―1290年頃	
1600年	出エジプトと荒野彷徨	
	モーセ、イスラエルの民を連れてエジプトを脱出　1290年頃	
	イスラエル人荒野を放浪する。モーセ、シナイ山で律法を授かる　1290年頃―1250年頃	
1250年	カナン定着	
	ヨシュア、イスラエルの民を率いてカナンの地に入る　1250年頃	
	イスラエル諸部族のゆるやかな連合。「士師」と呼ばれる指導者が時折登場して外敵からイスラエルを守る	
	イスラエル統一王国	
	サウルの統治　1030年頃―1010年頃	
1000年	ダビデの統治　1010年頃―970年頃	
	ソロモンの統治　970年頃―931年頃	
950年	イスラエル分裂王国時代	
	ユダ（南王国）	イスラエル（北王国）
	王	王
	レハブアム　931－913年	ヤロブアム　931－910年
	アビヤム（アビヤ）　913－911年	ナダブ　910－909年

24 ユダ24-25賛美の祈り.mp3

ヨハネの黙示録(1)
01 第01章1-8序文と挨拶.mp3
02 第01章9-20天上におられるキリストの姿.mp3
03 第02章1-7エフェソにある教会にあてた手紙.mp3
04 第02章8-11スミルナにある教会にあてた手紙.mp3
05 第02章12-17ペルガモンにある教会にあてた手紙.mp3
06 第02章18-29ティアティラにある教会にあてた手紙.mp3
07 第03章1-6サルディスにある教会にあてた手紙.mp3
08 第03章7-13フィラデルフィアにある教会にあてた手紙.mp3
09 第03章14-22ラオディキアにある教会にあてた手紙.mp3
10 第04章1-11天上の礼拝.mp3
11 第05章1-14小羊こそ巻物を開くにふさわしい.mp3
12 第06章1-17六つの封印が開かれる.mp3
13 第07章1-8刻印を押されたイスラエルの子ら.mp3
14 第07章9-17白い衣を着た大群衆.mp3
15 第08章1-5第七の封印が開かれる.mp3
16 第08章6-13天使のラッパと災い.mp3
17 第09章1-21.mp3
18 第10章1-11天使が小さな巻物を渡す.mp3
19 第11章1-14二人の証人.mp3
20 第11章15-19第七の天使がラッパを吹く.mp3
21 第12章1-18女と竜.mp3

66ヨハネの黙示録(2)
01 第13章1-18二匹の獣.mp3
02 第14章1-5十四万四千人の歌.mp3
03 第14章6-13三人の天使の言葉.mp3
04 第14章14-20鎌が地に投げ入れられる.mp3
05 第14章1-8最後の七つの災い.mp3
06 第16章1-21神の怒りを盛った七つの鉢.mp3
07 第17章1-18大淫婦が裁かれる.mp3
08 第18章1-24バビロンの滅亡.mp3
09 第19章1-4.mp3
10 第19章5-10小羊の婚宴.mp3
11 第19章11-21白馬の騎手.mp3
12 第20章1-6千年間の支配.mp3
13 第20章7-10サタンの敗北.mp3
14 第20章11-15最後の裁き.mp3
15 第21章1-8新しい天と新しい地.mp3
16 第21章9-27新しいエルサレム.mp3
17 第22章1-5.mp3
18 第22章6-21キリストの再臨.mp3

聖書歴史年代表

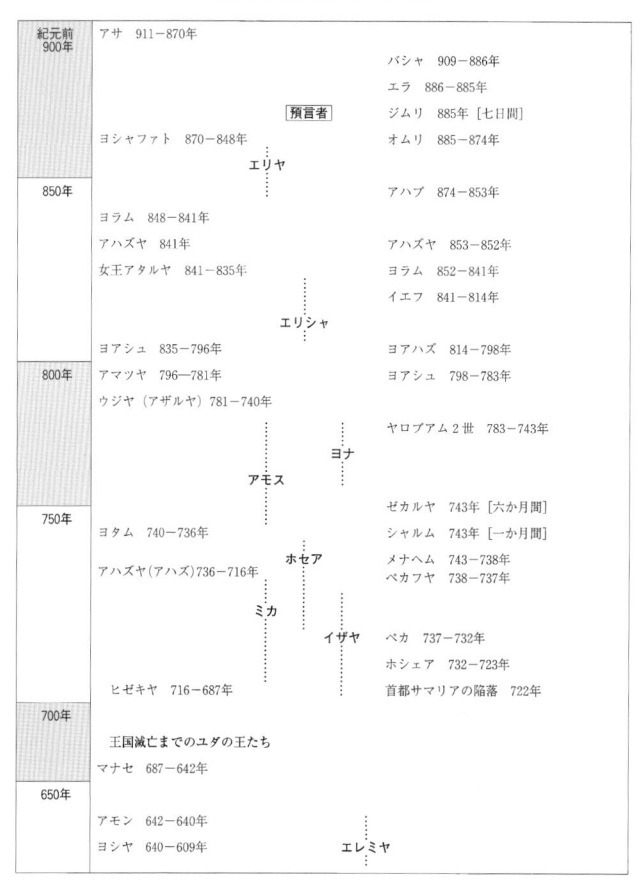

紀元前		預言者	
900年	アサ　911－870年		
			バシャ　909－886年
			エラ　886－885年
			ジムリ　885年 [七日間]
	ヨシャファト　870－848年		オムリ　885－874年
850年		エリヤ	
			アハブ　874－853年
	ヨラム　848－841年		
	アハズヤ　841年		アハズヤ　853－852年
	女王アタルヤ　841－835年		ヨラム　852－841年
			イエフ　841－814年
		エリシャ	
	ヨアシュ　835－796年		ヨアハズ　814－798年
800年	アマツヤ　796－781年		ヨアシュ　798－783年
	ウジヤ（アザルヤ）781－740年		ヤロブアム2世　783－743年
		ヨナ	
		アモス	
750年			ゼカルヤ　743年 [六か月間]
	ヨタム　740－736年		シャルム　743年 [一か月間]
		ホセア	メナヘム　743－738年
	アハズヤ（アハズ）736－716年		ペカフヤ　738－737年
		ミカ	
		イザヤ	ペカ　737－732年
			ホシェア　732－723年
	ヒゼキヤ　716－687年		首都サマリアの陥落　722年
700年			
	王国滅亡までのユダの王たち		
	マナセ　687－642年		
650年			
	アモン　642－640年		
	ヨシヤ　640－609年	エレミヤ	

『聖書 新共同訳』における書名とその略語

この資料集の文中で、聖書の個所を示す際に下記の略語を使用する場合があります。

<旧約聖書>
- 創 ……… 創世記
- 出 ……… 出エジプト記
- レビ ……… レビ記
- 民 ……… 民数記
- 申 ……… 申命記
- ヨシュ ……… ヨシュア記
- 士 ……… 士師記
- ルツ ……… ルツ記
- サム上 ……… サムエル記上
- サム下 ……… サムエル記下
- 王上 ……… 列王記上
- 王下 ……… 列王記下
- 代上 ……… 歴代誌上
- 代下 ……… 歴代誌下
- エズ ……… エズラ記
- ネヘ ……… ネヘミヤ記
- エス ……… エステル記
- ヨブ ……… ヨブ記
- 詩 ……… 詩編
- 箴 ……… 箴言
- コヘ ……… コヘレトの言葉
- 雅 ……… 雅歌
- イザ ……… イザヤ書
- エレ ……… エレミヤ書
- 哀 ……… 哀歌
- エゼ ……… エゼキエル書
- ダニ ……… ダニエル書
- ホセ ……… ホセア書
- ヨエ ……… ヨエル書
- アモ ……… アモス書
- オバ ……… オバデヤ書
- ヨナ ……… ヨナ書
- ミカ ……… ミカ書
- ナホ ……… ナホム書
- ハバ ……… ハバクク書
- ゼファ ……… ゼファニヤ書
- ハガ ……… ハガイ書
- ゼカ ……… ゼカリヤ書
- マラ ……… マラキ書

<新約聖書>
- マタ ……… マタイによる福音書
- マコ ……… マルコによる福音書
- ルカ ……… ルカによる福音書
- ヨハ ……… ヨハネによる福音書
- 使 ……… 使徒言行録
- ロマ ……… ローマの信徒への手紙
- 1コリ ……… コリントの信徒への手紙一
- 2コリ ……… コリントの信徒への手紙二
- ガラ ……… ガラテヤの信徒への手紙
- エフェ ……… エフェソの信徒への手紙
- フィリ ……… フィリピの信徒への手紙
- コロ ……… コロサイの信徒への手紙
- 1テサ ……… テサロニケの信徒への手紙一
- 2テサ ……… テサロニケの信徒への手紙二
- 1テモ ……… テモテへの手紙一
- 2テモ ……… テモテへの手紙二
- テト ……… テトスへの手紙
- フィレ ……… フィレモンへの手紙
- ヘブ ……… ヘブライ人への手紙
- ヤコ ……… ヤコブの手紙
- 1ペト ……… ペトロの手紙一
- 2ペト ……… ペトロの手紙二
- 1ヨハ ……… ヨハネの手紙一
- 2ヨハ ……… ヨハネの手紙二
- 3ヨハ ……… ヨハネの手紙三
- ユダ ……… ユダの手紙
- 黙示 ……… ヨハネの黙示録

聖書歴史年代表

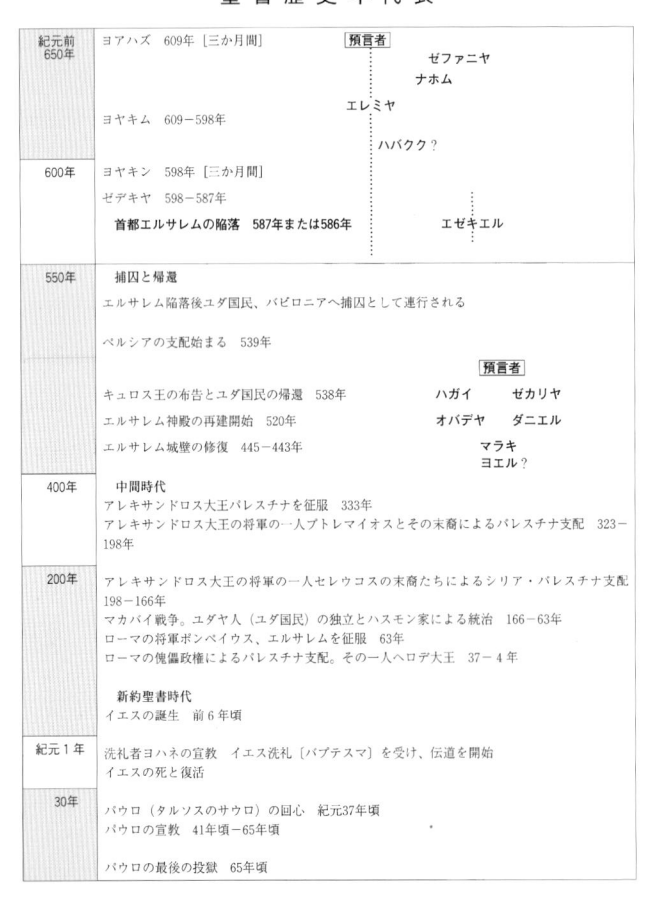

年代	出来事	預言者
紀元前650年	ヨアハズ 609年 [三か月間]	ゼファニヤ
		ナホム
	ヨヤキム 609-598年	エレミヤ
		ハバクク？
600年	ヨヤキン 598年 [三か月間]	
	ゼデキヤ 598-587年	
	首都エルサレムの陥落 587年または586年	エゼキエル
550年	捕囚と帰還	
	エルサレム陥落後ユダ国民、バビロニアへ捕囚として連行される	
	ペルシアの支配始まる 539年	
		預言者
	キュロス王の布告とユダ国民の帰還 538年	ハガイ　ゼカリヤ
	エルサレム神殿の再建開始 520年	オバデヤ　ダニエル
	エルサレム城壁の修復 445-443年	マラキ
		ヨエル？
400年	中間時代	
	アレキサンドロス大王パレスチナを征服 333年	
	アレキサンドロス大王の将軍の一人プトレマイオスとその末裔によるパレスチナ支配 323-198年	
200年	アレキサンドロス大王の将軍の一人セレウコスの末裔たちによるシリア・パレスチナ支配 198-166年	
	マカバイ戦争。ユダヤ人（ユダ国民）の独立とハスモン家による統治 166-63年	
	ローマの将軍ポンペイウス、エルサレムを征服 63年	
	ローマの傀儡政権によるパレスチナ支配。その一人ヘロデ大王 37-4年	
	新約聖書時代	
	イエスの誕生　前6年頃	
紀元1年	洗礼者ヨハネの宣教　イエス洗礼［バプテスマ］を受け、伝道を開始	
	イエスの死と復活	
30年	パウロ（タルソスのサウロ）の回心　紀元37年頃	
	パウロの宣教　41年頃-65年頃	
	パウロの最後の投獄　65年頃	

© American Bible Society 1995